109歳、私の幸福論

山下義一

南々社

2016年9月のある日、編集部が山下さんに密着しました。

亡くなった妻ナヲエさんの遺影に毎日手を合わせる

健康の秘訣は毎日、サプリメントを摂取すること

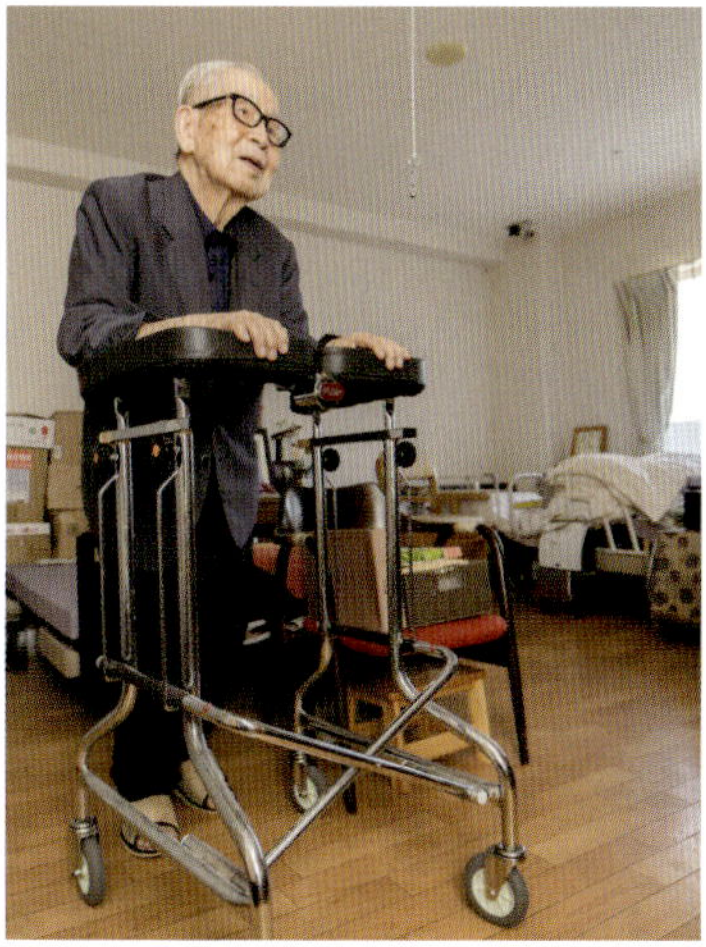

少し不自由になった足を鍛えるために歩行器を使用する

サプリメントは「クロレラ」「エビオス」「にんにく卵黄」「コンドロイチン・グルコサミン」など4種類

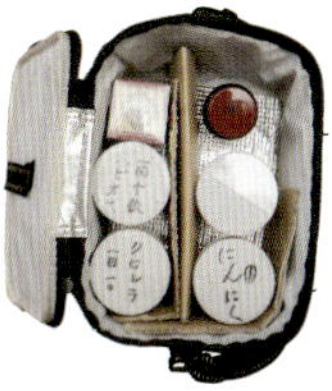

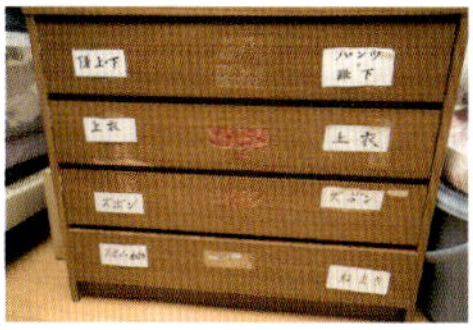

引き出しには「パンツ」「ズボン」と書かれている

下着などがきちんと収められているタンス。整理整頓は欠かさない

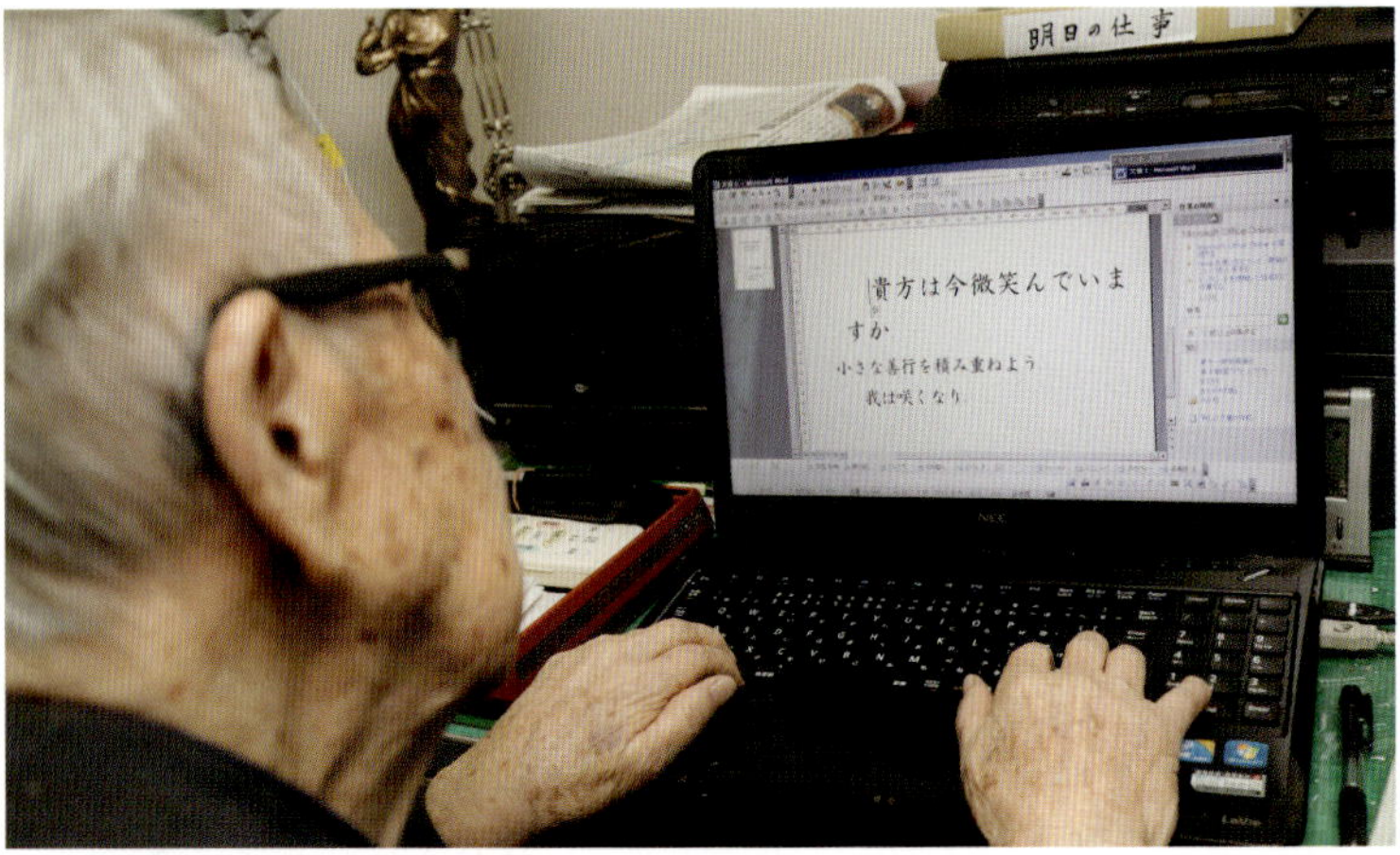

「伝えたいことがたくさんある」。山下さんは毎日、パソコンに向かう

これまで作成した冊子。1年に多い時には3種類も作った

作成した「命燃え尽きるまで」の冊子。30人余りに配布する

整理された書棚。項目別に位置が決まっている

本箱が手狭になったため、書類や本の一部は冷凍庫の中に収めている

机の脇の書棚に整理されている資料。大型の火箸で必要な資料を手に取る

机のそばに置かれている電動マッサージ器

山下さんが長年学ぶ「モラロジー」の提唱者・廣池千九郎博士の写真

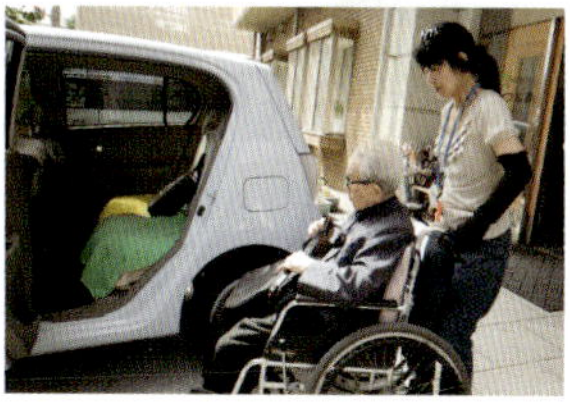

月に1回、自宅まで戻る山下さん。外出が少なくなっただけに何よりの楽しみ

自宅は今、「にこにこ元気デイサービスセンター」として使われている

「にこにこ元気デイサービスセンター」で講話をする山下さん

講話の後、山下さんの音頭で懐メロを歌う利用者と職員の人たち

山下さんは1日の大部分をこの部屋で過ごす

「デイサービスセンター」の利用者から敬老の日のプレゼントをもらい感謝

長年、愛用している俳句手帳

思いついた時には、欠かさず俳句手帳にメモを取る

105歳の誕生日のお祝いにもらった色紙

日々を大切に過ごすために、「明日の仕事」と表書きした箱の中に必要な書類を入れておく

１０９歳、
私の幸福論

はじめに

いつまでたっても、何歳になっても「われは咲くなり」の気分です。現在、109歳になりますが、その気持ちは変わりません。

心を磨くとは、良いことを知ったら、それを実行し続けることです。良いこととは人の喜ぶことです。人の喜ぶことを継続的に実行すると、信頼・尊敬されるようになります。そして自分の品性が良くなります。品性が良くなれば、運命も良くなります。運命が良くなれば、思うことができるようになります。お金がいる時にはお金が、物がいる時には物が、人と出会いたいときには人を授かることができます。そうすれば幸福になることができます。

運命を良くするためには、種まきをすることが大切です。良い種まきとは、人の喜ぶことをすることです。実行すれば信頼され、尊敬されます。そうすると品性も良くなります。その結果、好運命となります。幸せになるには、人の喜ぶことを進んでやることです。元気で長生きするためにも、人の喜ぶことを進んでやることが大切です。

とかく人は自己中心的に、利己主義的に生きてしまいます。生命を保つためには必要なことですが、行き過ぎてはいけません。慈悲の心と親心ほど重要なものはありません。

私は子宝には恵まれませんでしたが、人づくりを通しながら、日本各地に「子ども」を作ることができました。これらを実践することが、すなわち「われは咲くなり」の心です。

もくじ

第1章

心を磨きましょう

1

自分でできることは、
いくつになっても
自分でしましょう。

「できない」と思ったことから
残された機能が失われる。

「歳を取ったな」と思うことなかれ

明治生まれの109歳。いくら歳を重ねても、自分でできることは極力自分でする、というのが私のモットーです。その気持ちを持ち続けることが、すなわち前向きに生きることにつながります。そうすれば、自然と老化も遅くなります。自分の残された機能、まだ生かすことのできる部分を少しでも長く保つには、自分でできることは、時間がかかっても行うことが大切です。例えば体を動かすことから、頭を使うことまでさまざまです。

介護付き老人ホームに入っているので、ほとんどのことはヘルパーさんが手取り足取りやってくれます。靴下をはかしてもらうことも、そうです。入浴のときには、体を洗ってもらうことも、丁寧にやってもらえます。事実、同じ施設で暮らす、私よりも若い入居者の中には、私から見れば「まだ十分できるのに……」

と感じることでも、「楽だから」とお任せしている人もいます。

効率を優先する立場から見ると、もしかしたら少しは迷惑をかけているかもしれませんが、私は「自分で」と言って、遠慮しています。もちろん、できないことはきちんと告げなければなりません。あまり無理をしてけがをしたら元も子もありませんので……。

「自分でできること」に関しては体力面のことだけに限りません。私は60年以上も働いていたので、今の若い人から見れば、少しうらやましがられるかもしれない年金をもらっています。とはいえ、昨今の経済情勢によって、支給される額は少しずつ減ってきています。これまでお世話になった人への恩返しや社会貢献のために必要な幾ばくかのお金は別にして、抑えられる部分は極力倹約しています。

このため、領収書などは今でもすべて自分で管理して、ノートなどに張り付けています。数字と向き合うことは、もちろん頭の老化防止にもつながります。その延長線にもなりますが、年1回の確定申告の作業も自分で行っています。面倒くさくないと言ったら、うそになりますが、「自分はこれができる」というのは、大きな自信にもつながります。

若者の活字離れが叫ばれていますが、私は今でも毎日、新聞に目を通していま す。さすがに記事の部分は読みにくくなりましたが、見出しはばっちり。特に、スポーツ面は入念にチェックしています。今年はカープの調子がいいので、新聞を見る時間もいつも以上に長くなってしまいます。リーグ優勝したときの新聞は、隅から隅まで熟読しました。

日々の生活の中で、「ああ、私は歳を取ったな」と思わないように心がけています。そう思うと、本当の年寄りと感じるようになります。反対に「私はまだ若い。これから何でも頑張るぞ」と前向きになると本当に若返ります。

若返ると言っても、体力的にも頭脳的にも、今以上にアップすることは難しいかもしれませんが、生活の中に努めて明るい笑いを取り入れながら、「自分でできることは自分で」の精神で日々、過ごしています。

聞き手の目①

すぐに手助けするのは、ためにならない

お年寄りが望んでいることに対して、こちらから積極的にしてあげることが、大切だと思ってきました。しかし山下さんが車に乗る際、車いすから乗り換えますが、手を差し伸べると、少し嫌な顔をされました。山下さんの行動、所作を見ながら、少しずつ考え方を改めました。山下さんはこちらの手助けを望んでいないし、むしろ遠慮しています。本人にとって苦しいことでも、易きに流れない「強さ」のようなものを感じました。山下さんのほぼ半分の年齢の私にとっても、大きな「自戒」となりました。

2

行動的に過ごすことは、自分の心磨きに直結します。

私のつたない話でも、
聞いてもらうことで、
「次も頑張ろう」と思います。

「聞き手」の真剣な表情を見たくて……

自分で言うのも何ですが、私の人生はかなり行動的に過ごしてきました。60年以上も続けた軟式テニスを始めとして、全国いろいろなところにも行きました。ところが、足が少し不自由になってからは、今住んでいる介護付き老人ホームから外出することは、ほとんどなくなりました。

そんな中、月に1回だけ、第4火曜の午後だけは、地元のデイサービスセンターに出かけています。といっても、そこでデイサービスを受けるわけではありません。実は、このデイサービスセンターの場所は、私の自宅なのです。

今から8年前、妻のナヲエと一緒に、今の介護付き老人ホームに入居しました。そうなると、40年住み慣れたわが家が、空き家になります。85坪の屋敷に、1階25坪、2階15坪の建物ですが、庭木を含めて管理する人もいません。

そのとき、「特定非営利活動法人にこにこ元気」というデイサービスセンターから、「利用したい」との申し出がありました。空き家にしておくと家も傷むし、庭にも草が生えるので、利用してもらうことにしました。家賃は特別価格にしています。これは「にこにこ元気」を育成することで、少しでも社会のお役に立ちたいと思ったからです。

いよいよ、私の自宅は「にこにこ元気」が使うことになり、「にこにこ元気デイサービスセンター」との大きな看板が掲げられました。台所には今まで使っていたものが、全部そろっているので、お年寄り向きの食事が準備されるようになりました。ボランティアの体操の先生には、体操を指導してもらっています。

毎回、サービスセンターの職員が車で迎えに来てくれ、車いすに乗って、参上していいます。みなさんから「先生、先生」と温かく迎えられています。

月に1度でも自宅に帰ると気分が落ち着きますが、それ以上に、老人ホームから外出することで、気分転換にもなります。そのデイサービスセンターに「帰省」しているのは、利用している高齢者の人たちに、私のつたないお話をするためです。

つたない話とはいえ、それなりに責任もありますので、パソコンを使ってレジメも作っています。私なりの「人生訓」を具体的に紹介するためです。何度もうなずいてくれる人も、反応の少ない人もいますが、あまり気にせず自分のできる範囲で一生懸命させてもらっています。でも、毎回、一人でも多くの人の心をとらえるために、努力は重ねています。

それらを集めて「心の花束」と題して、目次を付けてファイルにして、みなさんに差し上げています。大切に保存されている人を見たりすると、次も頑張ろうという気になります。現在109歳。何歳になっても、人の役に立ちたいものです。

聞き手の目②

日々の準備・鍛錬こそ、元気な源

日ごろから元気な山下さんですが、いつも以上にとりわけ元気になるときがあります。それは、ほぼ月末に当たります。介護付き老人ホームから車で約15分の「自宅」に帰るときです。手提げ袋には前の日から準備したレジメが入っています。その日の教材ですが、単にその内容をなぞるだけでなく、時折アドリブを入れながらお話しする姿には、おそれ入ります。日々の鍛錬を大切にする山下さん。そして、その成果を披露する「ハレ」の舞台の山下さん。その行動には、本当に見習うべき点がいっぱいです。

3

整理整頓すると
無駄な時間が省けると同時に
心の整理もつきます。

自分自身の心を磨くためにも、
まずは身の回りをきちんとしましょう。

その日のやるべきことを一目で分かるように

充実した、悔いのない人生を送るためには、整理整頓を実践することが大切です。もし、整理整頓ができていないと、必要な物の置き場所を探すのにとても時間がかかります。これは時間の無駄です。平素から物の置き場所をきちんと決めて、整理整頓をしておけば、どこにあるかすぐに分かり、ひいては快適な人生を送ることができます。物だけでなく心の整理もつくわけです。

私は今、介護付き老人ホームの一室で生活しています。外がいくら暑かろうと、逆に寒かろうと、冷暖房完備で快適な生活です。大きな荷物は自宅に置いて来ているので、それほど荷物はないと思っていましたが、ここでの生活も8年目を迎えると、自然と荷物が多くなってしまうものです。

とりわけ書類や書籍の類が、部屋の荷物の大部分を占めています。書類が多くなったのは、私が思ったこと、感じたことをパソコンで打ち、それを集めた小冊子を作り、友人などに配ることを、5、6年前から始めたからです。そのための資料や印刷したファイルなどが、想像以上に膨れ上がりました。放っておくと、床にうず高く積んでしまうことになります。

部屋の奥には大きな本棚が2つありますが、パソコンに関する資料、小冊子を作るための資料を分野ごとに並べています。それぞれの段によって、すぐ分かるように分別しています。いすに座ったままでも、その中身が分かるように、背表紙の部分にタイトルを張り付けています。

ちなみに、足が少し悪くなったので、いすに座ったまま、これらの資料を取るために火箸を用意して、それでつまみ出せるように工夫しています。

また、一日にすべきことをメモした紙を、特定のボックスに入れています。この中を見れば、やるべきことが分かります。さすがに109歳にもなると、忘れることが多くなり、「何をするんだったのか」と思い返すことも増えたので、この方法は効果を挙げています。

サラリーマン時代は主に、経理などを担当しました。そのときに身に付けた整理整頓の心構えが今も、役立っているのかもしれません。上司に「あの書類を持って来てくれ」と言われたら、すぐに持って行かなければなりません。しかしながら、整理整頓は得意ではありませんでした。得意ではないからこそ、自分を厳しく律しながら、日々生活してきたように思えます。

それぞれの人生の持ち時間は決まっています。その時間を有意義に使うためには、できる部分はいかに効率的に過ごすかも大切で、物を探す時間は極力少なくしたいと思います。小さなことも、コツコツとでも申しましょうか。

聞き手の目③

整理整頓は最短の「心磨き」と実感

歳を取ると、一日のかなりの時間を物探しに費やしている気がします。山下さんのほぼ半分の歳の50歳代の私でも、実際にそうです。整理整頓の必要性を感じつつ、足を踏み出すのに躊躇していましたが、この機会にできることからスタートすることにしました。まだまだ初心者で、山下さんの域に達することはできません。「明日やること」の箱は効果があります。頭の中を整理するのに最適で、山下さんには教えられることばかりです。

4

特別なことをしなくても規則正しい生活で日々を充実させましょう。

ルーティンをこなしながら心身を豊かにしましょう。

100歳以上はもう珍しくない

109歳という年齢を言っただけで、それを聞いた人は驚きの表情を見せます。若い人はもちろんですが、かなりの年配の人でも同じような対応ぶりです。うれしいような、悲しいような、少し複雑な気分になります。それは尊敬の念にも感じられる一方、「あなたたちこそ、もっと元気でいてほしいのに」と思うからです。

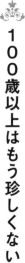

高齢社会の今、100歳以上のお年寄りはかなりの人数に上ります。最近見た新聞によると、国内に6万6000人近くいるそうです。この数は年々増えると予想されています。このうち女性が87・6%を占めているので、男性はまだ少ないですが、「そこまで驚くほどでは」と思ったりしています。聖路加病院で活躍されている日野原重明さんも、元気いっぱいのご様子です。

そんな109歳の私が毎日、どのような1日24時間を送っているか紹介しましょう。といっても特別なことをしているわけではありません。比較的、規則正しい生活と言うべきかもしれません。淡々と日常を過ごしていると言ってよいかもしれません。

介護付き老人ホームでの起床は午前6時です。さすがにこの歳になると、目覚まし時計のお世話になることはありません。前夜にベッドに入ると、一度も目を覚まさずに、ぐっすりと寝ることもしばしばです。

朝ごはんのために食堂まで、エレベーターで降ります。最近は車いすが手放せないようになりました。野菜と果物付きの食事には満足しています。昔からお肉が好きでしたが、今はやはり野菜です。何回も、その数を数えながらよく噛むことはとても大切です。

1つのテーブルに4人が座ります。座席は、いつのまにか決まりました。そのとき、気を付けていることがあります。「おはようございます」から始まり「いただきます」「ごちそうさん」「ありがとうございました」のあいさつです。もちろん、この施設では私が最年長ですが、自分の方から先に行っています。

朝、昼、夕食の前には簡単な体操もしています。座って上半身を動かす程度ですが、継続は力なりです。ラジオ体操もできるだけ参加しています。また、暇な時間を見つけながら、足腰を鍛えるために、歩行器を使って廊下を歩いています。週に2回の入浴も楽しみです。

基本的には、自分の部屋で過ごしています。ここでは主に頭のトレーニングです。と言っても、何か問題を解くのではなく、パソコンに向かって、文章を考えているからです。これまでの自分の歩みを振り返ったり、友人たちに伝えたい話をキーボードで打ったりしています。

大リーグのイチロー選手ではありませんが、日々、決まった時間に、決まったことを続けることが大切と実感します。そのことで、自分の微妙な変化に気付き、体調のチェックもできます。

私にはまだまだ、やりたいことがいっぱいあります。

聞き手の目④

毎日がスペシャルと思えば……

山下さんに取材を申し込むと、「○○日なら○時からなら大丈夫ですが、それ以外の時間は少し難しいかも」と言った返事が返ってきます。定年になったら、ひたすらのんびりしたい、時間に左右されたくない、と思う40歳代、50歳代の人も多いのではないでしょうか。でも、その対極にあるのが山下さんかもしれません。心磨きの秘訣は、日々を大切にすること。無駄な時間を作らないこと。その思いは年々、高まっていると言います。日々、変化はなくても、毎日がスペシャルと思えれば、人生は楽しいものです。

5

それぞれの人が
自分自身にあった
心のナビゲーターを持ちましょう。

リハーサルのない毎日、
その意味では毎日が本番です。

自分の人生の船長は、やはり自分自身

私たちは日々、リハーサルのない人生を歩んでいます。その意味では毎日が本番です。誰もがより良い結果を求めて、日々過ごしていますが、実際のところ何が起きるか分かりません。人生は、一寸先は闇とも言えます。

残念ながら、私たちは10年先を見通すことはできません。あらゆる知恵を駆使しながら、世の中の出来事を予測することができるかもしれませんが、あくまでも予測であって、確実なことは何一つありません。

どんなに科学技術が進歩しても、地震や津波、台風といった自然災害はやってきます。2014年8月には、広島市内で甚大な土砂災害が起き、多くの尊い人命が失われました。広島は台風などの災害が少ないところと言われてきました。いつ何時、自分や家族が災害の当事者になるかもしれません。これらの多くの不

時の出来事との出合いの中に、それぞれの人生があります。

ただ一度の人生、その人生をどう進め、どうかじとりをしていくのか。人生における自分の船の船長は、自分自身です。自分の人生をナビゲートするのは、自分自身なのです。たとえ、目の前に広い海原が開けていても、人生の目的地がなければ、港にはたどり着けません。自分はどんな心で、どこへ向かい、生きるのか、判断基準になる心のナビゲーションによって、人生の様相はまったく異なったものになります。

それぞれが喜びに満ちた素晴らしい人生というゴールに到達するためには、それにふさわしい考え方を知る必要があります。そのために、その日にやること、その週にやることにまい進するのは大切ですが、少し長期的な観点から物事を見る訓練をしていく必要があります。

また、大切なことは、足りない自分を正してくれる良き人を普段から見つけておくことです。素直に相談できる人を探しておくべきです。家族でも、会社の先輩でも、趣味サークルの人でも構いません。自分の境遇をほかの人に代わってもらうことはできませんが、何らかの教えを受けることはできます。その教えに対し、感謝の気持ちを忘れないことも大切です。

私にとっての心の師というか、心のナビゲーター役は何だったのか。いま思い返せば、50歳のときに出合った「モラロジー」の教えだったと思います。出合ってから、かれこれ70年にもなります。

その教えについては、また詳しく述べますが、一言で表すなら「低い、やさしい、温かい心になって、人の喜ぶことをさせていただく」ということです。文字にすると簡単なようですが、なかなか難しい教えです。感謝しながら、ほかの人たちにさせていただくというのは、一人では難しく、やはりナビゲーターが必要です。

１０９歳になっても、自分自身のナビゲーターを見つける「旅」はまだまだ続いています。その意味では、日々、研さんの毎日です。

聞き手の目⑤

しっかりとした進路図を持った生き方を

山下さんはほぼ1年に1、2冊のペースで、友人たちに配る「心の花束」と銘打った手製の冊子を作っています。少しでも有意義な実りのある人生を送るために、その指針となるべき言葉を入れています。もう10冊近くに上っています。年々、新しく加える項目もあれば、ずっと残す項目もあります。「心のナビゲーター」という言葉も、ほぼ必ず入っています。山下さんが大切にしている言葉だからです。私自身も、進路図を定めた生き方をしていこうと思っています。

6

道徳を体系的に学ぶことで幸せな人生探しに大きく役立ちました。

いくら正義感が強くても、
我を強調するばかりではうまくいきません。

生きていくうえで、大切なものを知る学問

今回は、私の人生を大きく変えた「モラロジー」について、ここで詳しく説明させてもらいます。たぶん、聞きなれない言葉だと思いますが、モラロジーとは、道徳を意味する「モラル」と学問を意味する「ロジー」を組み合わせた、新しい学問の分野の名称です。宗教のように感じられるかもしれませんが、そうではありません。人間が生きていくうえで、大切なものを知る学問と言ったらよいでしょうか。

法学博士である廣池千九郎《ひろいけちくろう》先生（1866〜1938年）が、新科学モラロジーを確立するための最初の試みとしての『道徳科学の論文』（1928年）を発表したのが、きっかけとされています。その後、紆余曲折はあったものの、今はこの「モラロジー」は全国に大きく広がっています。

私自身にとって、この「モラロジー」の考え方はとても心にストンと入ったものでした。このため、この考えを普及するため、広島県内をあちこち回りましたが、誰もがこの考え方に賛同するとは限りません。それぞれの人が自分に合った指針を人生の中で、見つけることができればと思います。

公務員だった私は、正義感も強く、我も強い方でした。不満があれば、すぐに抗議するような性格でした。とにかくおかしいと思うことがあれば上司にも盾を突いた私でした。今考えてみても、客観的な「非」は、私の方になかったと思います。

しかし、物事はそう単純なものではありません。この「モラロジー」に出合って、心が少しずつ柔和なものに変わっていきました。あのまま固く狭い心を持ち続けていたら、人間関係でもっと苦労していたかもしれませんし、何より、寿命はもっと短くなっていたかもしれません。

今年4月に、私は満109歳になりました。大自然の恩恵を始めとして、これまで多くの人と出会い、生かされてきたと感じています。この莫大な恩恵は返済しなければ、借財として残ってしまいます。借財の多い人は幸せになりません。受けたもろもろの恩を返済するには、返済する力がなければできません。

「モラロジー」を学んでいる多くの会員のなかで、私が一番の高齢者になりました。ありがたいことに、モラロジー研究所（千葉県柏市）が発行する9月号（2016年）の情報誌で、写真付きで紹介されました。

その中のインタビューでも次のように答えました。

「モラロジーに出合って『自分中心の考えから、どれだけ恩人中心の考えになれるか』と価値観を変え、『人生の軌道修正』をしてくれ、固く狭かった心も、柔らかい心へと好転しました」

人生は人それぞれです。それぞれに合った心の指針を見つけることができれば、より良い人生を送ることができるのではないでしょうか。

聞き手の目⑥

自分が信じる学問を究める

生きていくうえで、心のよりどころは誰しも必要です。山下さんは、そのよりどころとも言える「モラロジー」に出合って60年が経ちます。この考え方については、再三お聞きしましたが、理解できない部分も多々ありました。ただ、自己中心をすてること、社会に尽くすことの重要さは、誰もが共有できる考えだと思います。自分が信じる学問を究める姿勢は大いに学ぶべき点がありました。心磨きは一朝一夕ではできないことを、改めて実感しています。

7

「自分中心」から「相手中心」の心に変えると不思議と喜び、幸せが訪れます。

正当に評価してもらえなくて憤るのは自分中心の考えが強いからです。

不平・不満を少なくするには……

心の中で、次のようなことを思ったことはないでしょうか。

「こんなにしてあげたのに、感謝の言葉もないなんて」

「せっかくしてあげたのに、当たり前のような顔をしている」

これらの気持ちは、自分を正当に評価してもらえなかったことに対する、不満や無礼な態度への憤りです。

多くの場合、人は自分中心に考えて、物事を判断してしまいます。だからこそ、自分をないがしろにされたとき、心に不満や憤りが表れるのです。

広島県竹原市で生まれた私は、小学校1年生のときに家族で台湾に渡りました。

私自身は、中学校卒業後に、郵政の仕事につきました。以来、40歳まで33年間にわたって、家族が協力しながら、焼けつくような南国の太陽の下、汗を流しながら、人一倍努力を重ねてきました。

父子2代にわたって、努力した結果、田畑合わせると10ヘクタール、家も建て、馬2頭、水牛2頭など、村では有数の農業経営者になりました。このように台湾で刻苦精励し、財産を築きましたが、長い間、その心はおごっていました。

1945年、敗戦を迎え、日本人としての立場が一気に逆転しました。今まで自分の物と思っていた家も土地も貯金も何もかもが、ガラガラと崩れ去りました。墓石までが中国に接収されました。私有財産は「財産清礼」という1枚の紙切れになってしまいました。そして身の回りの物を少しばかりリュックサックに詰めて、戦後、日本に引き揚げたのです。

実は引き揚げる前に、なんとか土地、家、財産を確保できないかと画策をしました。あわよくば、もし許されるなら中国に帰化してでも台湾に残り、地盤や財産を守りたいと考え、敗戦から翌年秋まで、中華民国政府の郵便電信管理局に留《りゅう》用《よう》され、様子をみることにしました。留用条件は、健康で家族の係累が少なく、指導的な立場にある者は、残ってほしいとのことでした。

結果的には、その願いはかないませんでした。そのときの私たちはまさに、自分中心の考えでした。物、金、財産の獲得競争こそ生存競争と思い、自分中心の考え方で固まっていました。そのときは、台湾の人たちのことを考える余裕は、一切ありませんでした。

心に表れる不満や憤りをなくすには、自分の心のあり方や持ち方を、相手中心に変えることです。

「相手の役に立ててよかった」
「相手が喜んでよかった」

このように自分ではなく、相手を中心に考えるようになれば、あなたの心から不平や不満はなくなります。

台湾時代の苦い経験を思い出すたびに、改めて自分中心から相手中心に心を変えることの大切さを肝に銘じています。

聞き手の目⑦

敗戦経験が、その後の「相手中心」の生き方につながった

戦争体験のない戦後世代の私たちにとって、敗戦によって価値観が大きく180度変わる経験はもちろんありませんし、いくら聞いても実感として共有する難しさがあります。山下さんにとっての敗戦は、台湾の地で迎えただけに、直接支配する側からされる側への体験になりました。当然、忸怩たる思いもあったでしょうが、今現在、その思いよりも「自己中心」だったことへの反省をきっかけにしたことが、山下さんのその後の生き方を象徴しているように感じました。

8

ひたすらまじめに生きる、
今の時代には
難しいことかもしれませんが
それが最高の人生につながります。

「われは咲くなり」をモットーに
自分の信じる花を咲かせましょう。

生涯学習の気持ちで地道に取り組もう

１０９年間の人生を振り返っても、私は極めて普通の人間だと思います。取り立てて、特別の実績を残したわけではありません。ただ、日々、まじめに過ごしてきました。自分自身は根気強い性格とは思いますが、人さまに誇れるほどではありません。もし、多少なりとも誇れるとしたら、「恩返し」の精神を大切にしていたことです。

私はこの「恩返し」という言葉が好きです。自分がこれまでに、人さまから受けてきたさまざまな事柄に感謝し、少しでもそのお返しをしたいと思っています。その気持ちは何歳になっても、なくなることはありません。終わることがないと言うより、その心は年々強くなっています。

以前、次のような話を聞いたことがあります。この世の中の人を大別すると、次の3種類に分けることができます。①人のお世話ばかりになって生活している人②人の世話にはならないが、人の世話もしない人③努めて人の世話をする人です。もちろん、私は③であり続けたいと願っています。

人の世話をする人は、人々から信頼され、尊敬されるようになって、品性が良くなります。品性とはなかなか、定義しにくいものですが、内面から出てくる性格とでも申しましょうか。その品性が良くなれば、おのずと運命も良くなると考えます。そして、運命が良くなれば社会貢献もできます。このような幸せの連鎖こそが、人生においては最も大切なことだと思います。

社会貢献というと、少し大げさに聞こえるかもしれませんが、自分ができることを、できる範囲で行うことです。そのためには、生涯学習、生涯現役、生涯青春の気持ちで、地道に取り組みたいと思っています。

私の一番好きな言葉を紹介します。この本の「はじめに」でも、少し触れましたが「われは咲くなり」です。

人が見ていようと、人が見ていなかろうと、自分の信じる道を着実に進みましょう。いたずらに右顧左眄《うこさべん》することなく、自分の信じる道を進みましょう。

人の口に戸を立てることはできません。世の中は、昔の言葉にもあるように「目明き千人、盲目千人」です。分かる人もいれば、分からない人もいます。自分の信じる道を行って、信じる花を咲かせましょう。

冒頭に、私なりに少し自己分析をしましたが、どこにでもいる少し長生きのおじいちゃんです。そんな私ですが、逆境にあるときも、順境のときも、今自分が置かれた環境の中で、素直に生き抜くことが大切と信じています。

目先の幸運や不遇に一喜一憂することなく、目の前の課題に全力を尽くす、ただそれだけは長年、行ってきたと自負できます。とかく今の世の中は、まじめなことが格好悪いとされる風潮があります。そんなことはありません。日々、一瞬一瞬を大切に過ごすことこそ、最高の人生につながると思います。

聞き手の目⑧

強い気持ちで、愚直にやり続ける

同じ言葉を聞いても、それを発する人によって、その響き方は違ってきます。「自分の信じる道をまじめに……」。そんなありふれた言葉でも、山下さんの口から発せられると、妙に納得させられます。その背景には、山下さんの109年の歴史、生き様があるからです。何か特別なことを実践することも大切ですが、強い気持ちを持って、日々、自分のすべきことを愚直にやり続けることの大事さを改めて学びました。山下さんの実践は、まだまだ続きます。

第2章

運命を良くしましょう

9

何歳になっても
できるだけ地域と、
そしてそこに住む人と
関わりを持ちましょう。

自分にできることを少しずつ
それがボランティアの基本です。

「やらせてもらっている」と思う

長い間、会社人生を続けてきました。60歳までは広島地方貯金局に勤め、定年後も3か所の職場で働き、忙しく暮らしてきました。その間は、世の男性と同じように、地域との関わりはそれほど持つことはできませんでした。

71歳で仕事から身を引いてからは、積極的に地域に目を向けるようになりました。とかく町内会長は時間を取られ、何かと敬遠されがちです。しかし、誰かがやらないといけません。仲間の人と話し合って古くからの住人が、1年ごとの持ち回りで引き受けてはと、相談されました。私は、これまでの感謝の意味も込めて、引き受けることにしました。

ある人から「町内会長は時間ばかり使って、割に合わない」との声を聞くこともありましたが、私は少しでも社会に恩返しができるのなら、喜んでやらせていただこうと思いました。町内会長をやるのではなく、町内会長をやらせていただく、というそんな気持ちでした。

その後、老人会にも関わるようになりました。私の住んでいた地区では、老人会とは言わずに「わかやぎ会」と呼んでいました。それぞれの班から班長さんが出てきて、毎月1回役員会が開かれます。1か月以上入院されているお年寄りには、お見舞いを差し上げるのも私たちの仕事です。その老人会の会長も務めさせてもらいました。町内会長と同じく、こちらも務めさせていただいた、と思っています。

親睦を図るための春の花見会や年末の忘年会、さらには親睦旅行など、良い思い出ばかりです。当時、一緒に活動していた仲間たちが、先立って行ったのはさみしい限りですが、その方たちの協力は今でも忘れることはありません。長年にわたって役員を務めたご褒美に、廿日市老人クラブ連合会（広島県）から、10年表彰も受けました。

このような地域とのふれあいは、会社人生とは違った意味で私を成長させてくれました。介護付き老人ホームに入った後も、自宅を提供したデイサービスセンターでも、積極的に入居者との声かけをするようになったのは、このときの経験があったからだと思います。

そういえば、町内会長や老人会長のほかにも、少しお堅いと思われるかもしれませんが、人権擁護委員長というのも経験させてもらいました。それも2期務めました。それぞれの委員の意識向上を図るために、研修会を開きましたが、これまでの会社人生、それから「モラロジー」で学んだこと、両親から教わったことなど、自分の知る限りのことをすべて、ここにぶつけました。

そのときの研修資料は今も手元にありますが、タイトルは「現今の世相を思う」としました。

自己主張が強く、社会のことを思わない人が増えた、という「現状分析」から始まって、ではなぜ、悪くなったのか、米百俵の教え、オアシス運動の勧めなどを書き留めました。そのときの思いは、１０９歳になった今も変わりません。

社会奉仕といえば、少し大げさですが、自分にできることを少しずつやっていきたい、と今も思っています。

聞き手の目⑨

改めて教わる「言うは易し、行うは難し」

山下さんの長い１０９年にも及ぶ一生を聞いていると、当然その紆余曲折に驚かされます。仕事の第一線から身を引く前と、その後では、地域との関わりが大きく変わっています。ボランティアに力を注がれましたが、町内会長にしても「やらせていただいている」と感謝をしながら取り組まれました。「言うは易し、行うは難し」の典型だと思います。その精神があったからこそ、今でも多くの方から「山下さん、山下さん」と親しまれているのではないでしょうか。

10

「愛を届けたい」その気持ちだけはいつも忘れないでいたい。

お弁当を届けることで、
逆にこちらが励まされました。

社会への恩返しの気持ちで

社会奉仕について、これまで少し触れましたが、10年もの長きにわたって続けてきたことがあります。それは、お弁当を配達することです。83歳のころから、近所の独居老人を対象にボランティアを始め、93歳になるまで続けました。

きっかけは、軟式テニスの仲間だった女性たちが特別養護老人ホームで作るお弁当を配食していることを知り、私もその輪に加わらせてもらいました。そしてボランティアの代表も務めさせてもらいました。

配食ボランティア代表として、廿日市市内であったシンポジウムのパネリストの1人として参加したことがありました、そのときに、これまで行ってきた弁当配りの状況報告に加えて、ボランティアとして手伝ってくださる人を呼びかけました。社会への恩返しとして進んで参加してもらえればと訴えかけました。

ボランティアでは、ただお弁当を配達するだけでなく、少し具合が悪そうな人や、ちょっと元気がないように見える人には、その様子もボランティア団体の人に積極的に報告していました。そのほうが、愛があると思うし、愛のメッセンジャーだとも思っていました。

ボランティアの輪は徐々に広がりました。廿日市市保険課の企画で、廿日市市全体の公民館や保育所単位に、「ボランティア弁当配達グループ」が結成されるまでになりました。軟式テニスクラブの仲間たちも「山下さんがやっているのなら。私たちもぜひ…」と積極的に手伝ってくれました。

この弁当配りのことは、私が会員になっているモラロジー研究所が発行する情報誌でも取り上げられました。「愛を届け続ける」取り組みとして、多くの会員に知ってもらい、励ましのお手紙などをもらいました。その激励の手紙が、私たちの背中を力強く押してくれました。

情報誌の紹介文には、次のように書いてあります。本文はかなり長いので、その関係部分だけを短めに紹介してみましょう。

「山下さんは軽やかに自転車のペダルを踏む。平良公民館や中学校を通り過ぎ、およそ15分で配達先に着く。ドアホンを鳴らすと、70歳代の男性が元気に出てくる。

『こんにちは、○○さん』

山下さんが弁当を手渡すと、○○さんは丁寧に何度もお礼を言う。その元気な様子を確認して安心すると、山下さんは過日届けられた弁当の空箱を受け取り、再び自転車に乗って、来た道を帰る」

という内容です。

ちょうど私が、93歳になったときのものです。

また、中国郵政退職者連盟からは「地域公益活動で、多大な成果を収めて、地域発展に寄与した」と過分ながら、表彰も受けました。

　109歳の現在は、お弁当を届けてもらう「立場」かもしれませんが、配食ボランティアを行っていたときの精神は今も持ち続けています。終わることのない恩返しは、いつまでも続けていきたいと思っています。

聞き手の目⑩

93歳のお弁当配りに、ひたすら「感動」

　93歳当時の山下さんの写真を見て、驚かされました。自転車にまたがり、近くのお年寄りの方々にお弁当を配っていたからです。当然、そのお年寄りよりも山下さんの方が、歳を重ねていた場合も多くありました。山下さんの元気な姿を見ながら、そのお年寄りたちもきっと「もっと頑張るぞ」と思ったに違いありません。山下さんはまさに、生き方の模範にすべき「鏡」だったのかもしれません。もちろん、山下さんは「そんなことはありません」と否定するでしょうが……。

11

何かから逃げるのではなく
真摯に対処することから
見えてくるものも多いはずです。

「義一」の名前が問題ではなかった。
自分の心を変えることが大切でした。

思わぬ出会いも大切にしよう

人生には思わぬ「出会い」があります。誰かに会ってみよう、ぜひ会合に参加しようと、積極的に一歩を踏み込んだことで、新しい進路が見つかることがあります。また後から考えてみると、あのときの出会いが、その後の一生に大きく影響したということもあります。先のことは予想がつかないからこそ、人生は面白く、かつ奥が深いものかもしれません。

私の最大の出会いと言えるものは、今から57年前のことです。当時、私は廿日市市（広島県）に自宅を建てる計画がありました。やっとの思いで持つ自分の「城」ですが、その自宅の建築を依頼したことが縁で、その人の勧めである会合に出かけることになりました。

「私の家で座談会があるから、ぜひお越しください」

このように声をかけられたのです。しぶしぶ出かけたというのが、本当のところです。その知人は、既にお亡くなりになっていますが、「モラロジー」という活動に参加していた人です。簡単に言うと「モラロジー」とは、第1章で述べたように生き方、道徳について学ぶ集まりのようなものです。その「モラロジー」のことはほとんど知らず、とにかく家を建ててもらったこともあり、断りにくかったという事情でした。

「何か質問はありませんか」

その会合の最後に、このように聞かれました。なかなか手が挙がらなかったとき、一緒に行っていた妻のナヲエが切り出しました。

「姓名判断によると、義一という名前では、間もなく肺病で死ぬそうなのです」

「改名した方がいいのでしょうか」

夫に死なれては困るとの思いから出た言葉だったと思います。その場にいた大

門菊次さんというモラロジー研究所の参与からは、

「名前を変えるより、心を変えてみるのはいかがですか」

このように言われました。

私にとって、この言葉というか、「言の葉」がものすごい衝撃となりました。具体的に名前を変えたいと思っていたわけではありませんし、何か大きな問題に悩んでいたわけでもありませんが、それでも「心を変えてみたら」と指摘されたことで、夫婦ともども目の前が大きく開けた気分になりました。

後から考えてみると、何かに責任を転嫁するような考えはよくない、と教えてもらったと思います。この場合は名前を変えることですが、何かから逃げるのではなく、真摯に物事に向き合う大切さを教えられました。

その後、「義一」という親からもらった大事な名前は大切に、私の人生に寄り添っています。物事を解決するには、その中身はもちろん大切ですが、その途中の考え方も同じように重要ではないでしょうか。逃げることなく、真摯に物事に向き合うことは、言うのは簡単ですが、行動を起こすには難しいものです。

聞き手の目⑪

それぞれにある生き方の「指針」を見つけよう

山下さんには、いろいろな質問をしました。「人生の中で、一番印象に残っていることとは」「人生の最大の出会いは」などです。これらの質問に対して、山下さんは直接答えることはありませんでしたが、繰り返し話したエピソードの1つが「改名」の話でした。あれから長い年月が経過しても、はっきりと覚えている瞬間だったのでしょう。もちろん、それまでも「逃げ」の生き方をしてきたわけではないでしょうが、改めて生き方の指針のようなものを教わった瞬間だったと解釈しています。

12

「耳だけ」極楽に行くのでは意味がありません。実行してこそ、効果があります。

行動に移すことで
素晴らしい運命が待ち受けます。

目的に向かって、実行し続ける姿勢

少し分かりにくい表現かもしれませんが、「耳だけ」極楽に行くのは、意味がないと思います。どういう意味かと言えば、「耳だけ」つまり、いくら良いことを聞いても、実行に移さなければ宝の持ち腐れになるということです。

もちろん書物を読んだり、人の話を聞いたりして、いろいろな知識を身につけることは重要です。最初から学ばない人、学ぶことを途中であきらめた人に比べれば、日々、学び続けることは大切です。でも、それだけで満足してはいけません。もう一歩踏み込むことが大切です。

言葉を変えてみましょう。

話には「良い話」「分かる話」「実行した話」の3つがあると思います。「良い話」「分かる話」はもちろん結構なことですが、少しでも自分が実行し、その体験した話でないと、聞く人の心に残らないのも事実です。

少し例えが良くないかもしれませんが、つまり「良い話」「分かる話」が空砲とすれば、「実行した話」は実弾と言えるかもしれません。実弾を持たず、いくら空砲を打ち続けても、効果は表れません。

私の人生を振り返ってみると、何を行動したかに力点を置いてきた感じがします。サラリーマン時代のことです。１９５８年、広島地方貯金局の会計課に勤めていました。目に見える形のものを残そうと、「業務成績優良団体」の郵政大臣表彰を課員で目指すことにしました。

そのきっかけは、経理係長だった私を含めて、総勢7名で「やろう会」を結成したことでした。いわゆる飲み会です。屋台で飲みながら、侃々諤々《かんかんがくがく》、口角泡を飛ばしながら、遠慮なく話し合いました。このときの話の盛り上がり、さらには「やってやろう」の雰囲気を会計課全員にも知らせ、心を合わせて、頑張ろうとなりました。

私が旗振り役となって1年間頑張りましたが、郵政大臣表彰の申請は不採用でした。2回目も同じ結果でした。しかし性懲りもなく、地道な努力をくり返しながら、営業力向上に全力を注ぎました。そして3回目の挑戦でやっと、郵政大臣表彰の栄誉を獲得しました。

郵政大臣表彰を獲得したことは素晴らしいことですが、その結果よりも日々、努力を重ねたことが大切です。もっとさかのぼれば、郵政大臣表彰を目指そうと実行に移したことの方が、はるかに素晴らしかったと思います。

頑張ることの大切さ、チームワークの大切さは、これまでの職員生活でも何度も教えられ、全員よく知っていました。しかし、そこに留まるのではなく、1つの目標を立て、その実現に向けて具体的に動き出し、一歩一歩努力を続けたことが、60年近く経った今も、私たちの心の中にしっかりと残っています。

私たちの取り組みは「耳だけ」のものに終わっていませんでした。それが今の私にとっても、大きな財産になっています。

聞き手の目⑫

「評論家」を超えて何かをつかみ取ろう

「良い話」「分かる話」「実行した話」は、特によく聞かされました。違った内容のエピソードを聞いていても、最後には、この3通りの「話」に落ち着くことがしばしばでした。よほど、人生の中で骨身にしみた経験であり、心の支えにしていた教訓だったのでしょうか。確かに行動に移さずに、「評論家」気取りの人は、この世にはたくさんいます。言葉には出しませんでしたが、「評論家」を超えたところにこそ、素晴らしい運命が待っている、と山下さんは力説しているようでした。

13

ポジティブな口癖は
成功を招きます。

呼ばれたら「ハイ」と
笑顔で答えましょう。

自分の笑顔を鏡でチェック

この歳になってつくづく思うのは、人生とは出会いと別れの連続ということです。私はこれまで「来るものは拒まず」「去るものは追わず」を基本にしながら生きてきました。自然に任せながら、自然体で生きよう。くよくよ悩んでも仕方ないとも思っています。

そのために必要なのは「笑顔」だと思います。私自身も、ついつい仏頂面になりがちですが、いつも笑顔を心がけています。笑顔で事に当たれば、大抵のことはうまくいきます。「笑う門には福来たる」と先人たちも言っています。

口癖にも、いろいろあります。ネガティブな口癖と、その逆のポジティブな口癖です。ポジティブな口癖は、笑顔に相当します。成功する人は、いつも良い、つまりポジティブな口癖を発することが多いようです。これに対して、失敗する人は悪い口癖、つまりネガティブな口癖が多いようです。どうせ口癖を言うのなら、普段から何度でも良い口癖を言ってください。

マイナスの発想とプラスの発想があります。職場でも家庭でも、良い人間関係を築いていくには、努めて相手の長所を見るプラス発想が大切です。相手の欠点ばかり見つめていれば、相手から好感を持たれず、自然と笑顔は遠のいていきます。

本人だけでなく、仲間も笑顔になると、良いことが何倍も楽しくなります。仲間の笑顔は生きていくうえで、絶対に必要な宝物のようなものです。

呼ばれたら「ハイ」と笑顔で答えることも大切です。どうせ同じ「ハイ」と言うのなら、笑顔ですべきです。その笑顔も「ニタッ」よりは「ニコニコ」がいいでしょう。笑顔になれば、心の中もすがすがしい気分になります。

いつも笑顔でいれば、悪いことは絶対に起きないと、自分自身に言い聞かせることも大事です。そう信じることが、笑顔の効能を増します。良い笑顔はいわば、幸福を実現するためのパスポートと言えます。いつも明るく笑顔を絶やさないで、生き生きと過ごしましょう。

笑顔になるための具体的な法則を1つ教えましょう。

私もできるだけ実践するようにしていますが、鏡の前で笑顔を作ってみてください。介護付き老人ホームのエレベーターの中には鏡が付いているので、その鏡をのぞいてみます。もし、仏頂面の自分自身に対面したら、決していい気分にはならないでしょう。本人が見ても、そう思うのだから、他人が見たらなおさらです。鏡を見ながら、やさしい笑顔の大切さを改めて感じましょう。

聞き手の目⑬

怒った姿見せずに、いつも笑顔を実践

自身はどんな性格ですか、と尋ねたことがあります。ここでも山下さんの答えは「普通」です。山下さんの答えは「普通」が多いのが特徴です。それではと周りの方々にも聞いてみたところ、「自分には厳しい人ですかね」と返ってきました。でも、「他人に対して、あまり怒った姿は見たことないよね」とも答えてくれました。アルバムを見せてもらっても、どちらかというと柔和な表情ばかりです。笑顔の大切さを説く山下さんは、はにかみながらも実践されているようです。

14

40歳を過ぎたら
自分の顔には責任を持ちましょう。
内面から浮き出る素敵な顔に。

良い言葉を使って
やさしい心を持ち続けましょう。

「顔は心の遊び場」とも言われる

顔の話の続きです。前回は笑顔が中心でしたが、もっと内面から醸し出される顔の表情についてです。どうすれば責任のある顔になるか、ひいては責任ある人間になるかということです。

１０９歳のわが身からすれば、とてつもなく昔のことになりますが、「人間、40歳を越すと、自分の顔に責任がある」と言われたことがあります。当時の40歳は今の40歳以上に立派な大人と周囲から見られていました。

その40歳までは、祖先や親からもらった部分が多いのですが、それを過ぎると、今まで本人がどのような考えで、どういうことを何回やってきたかが、それぞれの顔に表れるものです。40歳から年齢を重ねるにつれ、この言葉はさらに重みを増すと思います。

バカなことばかり行っていると、バカ面になってしまいます。阿呆《あほう》なことばかり考えていると、阿呆面になります。「顔は心の遊び場」とも言われています。顔を見ると、その人の人柄がおのずと分かるものです。

生まれたときは、どの子もみんなかわいい顔をしています。人相の悪い子どもが生まれたと、聞いたことはありません。それが、年月が経つと、良い顔になったり、悪い顔になったりします。

良い顔になるには、いつも良い言葉を使い、やさしい心になって、良いことを実行することです。良いこととは、今まで受けたさまざまな恩をお返しすることと、その人が育って慈悲の心を持つ幸せな人になってもらうことです。

また、人が喜ぶことを喜んでさせていただくこと、と言ってもよいかもしれません。人の嫌うことばかりをすると、人相が悪くなり、不幸になっては元も子もありません。

人生とは、究極的には良くなるか、悪くなるかのどちらかです。良い種まきをたくさんすることで、良い運命となり、ひいては社会にいなくては困る人になりたいものです。人生とは二度とやり直しのできない大事な、かけがえのないものです。

実は、この話は「にこにこ元気デイサービスセンター」の講話の中で、しばしば語らせてもらっています。聞く人の大部分は80歳以上ですが、その歳からでも「顔」は変わります。責任を持った顔にも、そうでない顔にも、心の持ちようで変化します。その意味では、何歳になっても、責任ある顔づくりに、遅すぎることはありません。

聞き手の目⑭

しょぼくれないで、自信が垣間見られる顔でいたい

素敵な歳の取り方をしたいと、常日頃から思っています。誤解を承知で言えば、顔が商売とされる芸能人のように、過度に顔を美しく見せるのではなく、年輪を積み重ねたような責任感のある顔を目指したいものです。山下さんの表情を見ていると、しょぼくれた感じが一切ありません。「一生懸命生きてきた」という自信のようなものが垣間見られる顔です。何歳になっても、そのような顔でいたいものです。

15

あなたは今、微笑んでいますか。
自分らしい笑顔で生きていますか。
いつもこれらを意識しながら
生活しましょう。

笑顔はあなたの宝物です。

笑顔を保つためのチェックリスト

みなさんに問いたいと思います。
あなたは今、微笑んでいますか。
自分らしい素敵な笑顔で生きていますか。

人は決して一人では生きていけません。だからこそ、人と人との良い関係を円滑に保つことが必要です。そして、人間関係を円滑にする手段として、笑顔に勝るものはありません。笑顔の数だけ、人の心は豊かになっていきます。

「笑顔はまずこちらから」をモットーに、先に述べたように私の人生では、笑顔を大切にしてきました。そのためか、笑顔に関するお話も自然と多くなったと思います。これまでの経験から、笑顔などをキーワードにした実践チェックリストを紹介しましょう。

1. 朝一番に、明るく元気に笑顔で「おはようございます」とあいさつしよう。
2. 呼ばれたら、大きな声で、笑顔で「はい」と返事をしよう。
3. いつも、自分自身で美しい笑顔のイメージを描こう。
4. 小さな「よかった」を探して実行しよう。
5. 1日、5回くらいは、良い笑顔を作ってみよう。
6. ゆっくりと、落ち着いて、いい息をするように心がけよう。
7. ストレスと仲良くし、ストレスをためないようにしよう。
8. 常に自分で努力して、快感神経を鍛えよう。
9. 寝る前にリラックスし、1日を感謝して休みましょう。
10. 物は奪い合うものではなく、みんなに分け与えましょう。
11. 笑顔で「どうもありがとうございます」と言いましょう。

12. 笑顔で「本当に、失礼しました」と言いましょう。
13. 笑顔で「どうもすみませんでした」と言いましょう。
14. 相手の目を見て、お話しましょう。
15. 幸せになるために、笑顔を絶やさないようにしましょう。

私はきょうだいも多く、小学校のころに台湾に渡るなど、苦労の連続でした。決して裕福な生活ではありませんでした。かといって、つらいだけの暗い家庭ではありませんでした。笑顔を作るのに、お金がいるわけではありません。だれだって、気の持ちよう、ちょっとした転換で、笑顔を手に入れることができます。

今は充実した生活を送っていますが、それでも人には言えない悩みも多くあります。そうしたとき、常に前記の15項目を気に留めながら、日々生活しています。

笑顔はあなたの宝物です。

笑顔は誰でも平等にあります。
改めてこのことを強調しておきたいと思います。

聞き手の目⑮

年齢を重ねるほど笑顔は大切

昔から日本男児たるもの、べらべらしゃべるな、歯を見せて笑うなと言われてきました。今50歳代の私たち世代はともかく、山下さんの世代はたぶん口を酸っぱくしてこう言われたと思います。しかし今の山下さんの表情を見ていると、笑顔が自然に感じられます。日頃から笑顔を意識しながら、人生を送っているたまものだと思います。年齢を重ねるほど、笑顔が重要になると改めて感じさせられました。チャーミングなお年寄りになるためにも笑顔は必要ではないでしょうか。

16

「相手が育つ心」とは、
相手に幸せになってもらうこと。
その心遣いを大切にしましょう。

「親心」は慈悲の心、
親孝行は「百行の本」。

安心・満足を与えるのが親孝行

私たち夫婦には、子どもができませんでした。私も多くのきょうだいの中で育ちましたし、家内にもきょうだいがいます。できれば、子宝を授かりたかったのですが、これればかりはどうしようもありません。

これも運命だと思いますが、悲しい、寂しいと思ったことは、そんなにありません。なぜかというと、全国に多くの「子ども」ができたからです。私が長年、取り組んでいるものに、「モラロジー」の教えがありますが、その考え方を広島県内に普及する際、本当の子どもと同じように思えるほどの多くの「生徒」を得たからです。「生徒」といっても、私と主従関係ではなく、一緒に学ぶ関係です。

その教えの中で、「子ども心から親心になろう」と話したことがあります。

「子ども心」とは、こうしてほしい、ああしてもらいたいという自分中心の心です。自分中心の心では人は喜びませんし、もらいたいばかりの心でも幸せになりません。

「親心」とは、ああしてやりたい、こうしてやりたいという慈悲の心です。子どもの喜ぶことを共に喜び、子どもの苦しみを代わってやりたいという心遣いです。これは「生成化育」の心とでも言いましょうか。分かりやすく言えば「相手が育つ心」を大切にすること、相手に幸せになってもらう心遣いが大切です。

この言葉の意味をもう少し掘り下げると、成長するには、自分だけが勝手に大きくなれるものではなく、いろいろな恩恵や環境からの応援があって、それを受け取りながら、分かち合いながら、共に育っていくことです。

大人になっても、子ども心の抜けない人は、幸せにはなりません。大人になったら、まずは今まで育ててもらった恩返しを、第一にすべきです。とりわけ親の恩は絶大なものです。親孝行は「百行の本」です。この「百行」とは、あらゆる善行を指します。親の恩は「山より高く、海より深し」と言われています。大人になったということは、恩返しのできる人間になったということです。

私自身は親孝行には努めてきました。その一方、自分が法律上の親になることはなかったのですが、全国の多くの「子ども」には、その大切さを何度も述べてきました。全員とはいいませんが、かなり多くの「子ども」に、その趣旨を分かってもらい、それぞれの親に対して実行に移せたのでは、と思っています。

親孝行の要諦《ようてい》は、親に対して安心、満足してもらうことです。どんなことでも、親に報告し、連絡し、相談することが大切です。親孝行はできるときに、やっておきましょう。いつまでもあると思うな、親と金です。親孝行の人に悪い人はいません。親の生きているときに、せいぜい親に心を寄せて、親孝行して悔いのない人生を送りましょう。１０９歳になる老人からのお願いです。

聞き手の目⑯

親と子のつながりを考えさせられる

「親孝行」の大切さについて折に触れ、力説されました。戦時中、戦後と厳しい時代を過ごした山下さんでしたが、できる範囲で両親への親孝行に努められたようです。山下さん自身、子宝に恵まれませんでしたが、それだからこそ一層、親と子のつながりを訴えたのでは、と思えてなりません。社会貢献の道を選ばれた背景も、そこにあったと思います。自分の与えられた運命を直視し、全力を注ぐ山下さんに、多くのことを教えられる日々です。

第3章

幸せになりましょう

17

「感謝」の気持ちを毎日持ち続けることが幸せへの一番の近道です。

命燃え尽きるまで
人さまのお役に立つことが私の幸せ。

「皇寿」まで元気に過ごしたい

日々、充実していると感じられる人生を過ごすことが、今の私の目標です。生きていてよかったなと思える毎日を目指しています。ですから、朝目覚めると「今日一日、元気でありますように……」とつぶやき、寝る前には「今日一日、元気で過ごせました」と、大きな声に出しながら、言葉として表しています。人さまへの感謝の心を、常に大切にしていますが、長生きの秘訣はやはり感謝の気持ちだと思います。

今、109歳ですが、足が少し不自由なのと、耳が少し遠くなったこと以外には、ほかの持病はありません。これまで健康に、生かしてもらったのは、親が丈夫な体で生んでくれたおかげです。また、幼いときから、親が良いしつけをしてくれたことも、今の私には大きなことで、親に感謝しています。良いしつけとは、

「ありがとう」と言葉に出して、感謝の気持ちを表すことです。

さらに、人生の後半には、モラル（道徳）とロジー（学問）を組み合わせた「モラロジー」という考えに出合いましたが、この大きな出合いにも感謝しています。このように、いろいろな場面で、いろいろな事象で、感謝すべきことに出合いました。

生物学的には、人間は125歳まで生きることができると、何かで読んだことがあります。それまでは現実的には無理でしょうが、あと2年はせめて生きて、百十一歳の皇寿《こうじゅ》までは、頑張りたいと思っています。

「皇寿」の「皇」を字で書くと「白」と「王」に分けられます。白は「白寿」と同じく「百」の字の「一」を取ると「白」の字になることから「九十九」。「王」は分解すると「十」と「二」で合わせて「十二」となり、「白」と「王」を合わせると「百十一」になることから百十一歳を言うようになったと聞いています。

今の目標はこの「皇寿」ですが、ただ漫然と生きるのでは意味がありません。少しでも人さまのお役に立ちながら、生き抜こうと思います。その意味でも、私に残された時間はあまりありませんが、日々を大切に、精いっぱい悔いのないように過ごしたいと思います。

ところで、この夏、テレビでリオデジャネイロ五輪を、毎日楽しみました。金メダルを始め、多くのメダルを獲得するなど、日本人の活躍に大変感動しましたが、「皇寿の次は東京五輪を目標にしてもいいかな」、と内心思ったりしています。

ただ、いつまで生きたいというのが目標ではなく、命燃え尽きるまで人さまのお役に立ちたいというのが、私の偽らざる思いです。感謝の気持ちを忘れずに、たとえ小さなことでも、自分が生きた証を残せていけたらと思っています。

聞き手の目⑰

「感謝」の大切さを、改めて意識させられた

つい最近まで、「感謝」を意識することは、あまり多くはありませんでした。日常会話の中でも「ありがとう」の言葉を、聞く回数も減っていたように思います。だが、山下さんとお話をするようになって、「感謝」の存在が身近に感じられるようになりました。小さなことでも、「感謝」の気持ちを忘れないことの大切さを再認識しています。言葉にする「感謝」の気持ちだけではありません。もしかしたら、山下さんによる人さまへの最大の感謝の表し方は、一日でも、長く生きることではないかと思っています。

18

いつ何時も生活を共にする妻には「ありがとう」の心を持ち続けましょう。

「ダイヤモンド婚」を越えても
けんかはほとんどしませんでした。

今でも亡き家内へのあいさつを忘れない

感謝の心を持ち続けることは、人生を生き抜くうえで一番大切なことです。これまで数えきれない人たちに、感謝してきましたが、最も感謝してもしきれないのは、亡くなった妻のナヲエに対してです。

家内は本当に、私の恩人です。私には過ぎた、良い家内でした。

家内は、小学校の先生をしていました。私と結婚すると、さっさと学校をやめて家庭に入ってくれました。本当はもっと教員生活を続けたかったのかもしれません。私の家庭は農家で、父母をはじめ弟妹が6人もいる大家族でした。家内は弟妹と仲が良く、よく世話をして助けてくれました。

内助の功といっても、いろいろありますが、陰に日向に私をずっと支えてくれました。私たち夫婦は子宝には恵まれませんでしたが、家内と二人三脚で、過ごしてきました。今日の私があるのも妻のおかげです。

２０１１年に、結婚75年のダイヤモンド婚を迎えました。結婚したときには、まさかこんなに長い間、一緒に連れ添うとは思いもしませんでした。この間、大きなけんかもなく、仲良く過ごしてきました。

ダイヤモンド婚など記念日には、よく指輪など宝石を贈ると聞きますが、妻と話し合って、大型の液晶テレビを購入しました。お互い外出が難しくなったので、二人のために一番役に立つものは、と話し合って決めました。また、感謝の気持ちを込めて、家内には寝間着をプレゼントしました。

その家内も、老化には勝てず、99歳と8か月で永眠しました。２０１２年のことですから、今から4年前になります。大往生だったと思います。「延命措置は取らないでほしい」と常々、家内は言っていました。介護付き老人ホームに入るまでは、私が家内の下の世話を含めて面倒を見ていましたが、悲しみはもちろん大きかったですが、その一方で、苦しまずに逝ったこともあり、安堵感のようなものもありました。

妻がなくなってから、ある「手紙」が出てきました。ヘルパーさんに代筆してもらったらしく、私宛に用紙にしたためてありました。「私は大好きでした。大変お世話になりました」と書いてありました。家内が生きている間、直接、言葉に出して聞くことはありませんでしたので、このような家内の気持ちを知って、胸が熱くなりました。こちらこそ、感謝の気持ちでいっぱいです。

私の部屋には仮の手製の仏壇を置いています。ベッドのすぐ横なので、起きたら最初に目に入ります。「おはようございます」と妻に向かって毎日、声をかけています。もちろん、直接返事は帰ってきませんが、それでもいいのです。ひとりよがりかもしれませんが、そうすることが一番の感謝の気持ちです。

１０９歳の人生の中の一番の恩人は、もちろん亡くなった妻です。本当にお世話になりました。もう少しの間、これからも見守ってほしいと思います。

聞き手の目⑱

家内の「すべて」が好きと言える人生は素敵

山下さんとの会話の中で最も多く出る人物は、奥さんのことです。その言い方は「ナヲエ」であったり「妻」であったり、「家内」であったりしますが、「家内」と呼ぶことが一番多かったように思います。やはり外で活躍する山下さんを、家で支えることが多かったからかもしれません。「奥さんとケンカしたことはありますか」と何度も聞きましたが、決まって帰ってくる言葉は「なし」。「奥さんのどこが一番好きでしたか」と聞くと「すべて」。この答えも決まっていました。奥さんと二人三脚で過ごしてきた人生だったのだと、改めて思いました。

19

家内との二人三脚の人生
辛いときも、楽しいときも
そのすべてが人生の糧に。

何物にも代えがたい
夫婦の貴重な時間を大切に。

「大家族」をずっと支えてくれた家内

家内については、まだまだ話したりませんので、もう少しお付き合いください。前にも、言いましたが名前は、旧姓「鈴木ナヲエ」です。通常は結婚する前は名前で呼んでいても、子どもができると「おかあさん」や「おとうさん」に呼び方が変わりますが、わが家は子宝に恵まれませんでしたから、「家内」そして「妻」と呼んでいたように思います。

改めて申しますが、その家内は本当に恩人です。いくら感謝しても、感謝しすぎることはありません。私には過ぎた、良い家内でした。

今回は昔の思い出についてです。

台湾時代から本当によく切り盛りしてくれました。私の弟妹たちも、家内に対して、尊敬と信頼で接してくれました。苦労も多かったと思いますが、家内はむしろ大家族を楽しむようになってくれましたので、私も安心して仕事に打ち込むことができました。私のきょうだいもとても感謝しています。そのことは、99歳で家内が亡くなるまで、一生続いたと思います。私のきょうだいにとっては、姉であり、母のような存在だったのかもしれません。

戦時中のこともよく思い出します。戦争に突入すると、私も臨時招集を受けました。当時、台湾は日本だったとはいえ、外地での生活は不安がいっぱいで、戦時下になるとなおさらでした。

家内は従軍中、出征軍人の後援会が行う職業訓練所に通い、ミシンを学びました。防空頭巾のほか着物をモンペ服に改造するなど色々と研修を受けたようです。手に職をつけ、仕事も増え、随分と家計を助けてくれました。この当時からは、もう70年以上も経ちますが、まるで昨日のことのように思い出します。それも、いつも笑っている家内の顔とともにです。

結婚式は、家内の両親がすでに亡くなっていたので、家内の勤務先の小学校の校長夫婦に、親代わりになってもらいました。仏前結婚式だったと記憶しています。家内は、自分自身の弟の面倒もしっかりとみました。その弟もその後、無事大学を卒業し、埼玉県の方で、写真店を開店しました。弟夫婦の長女はキャビンアテンダントになり、長男は写真店を継ぎました。その弟も、健康を害し、家内より先に亡くなったのは、残念でなりませんでした。

携帯電話で簡単に写真が撮れる今と違って、そんなに多くの写真は残っていません。残された写真の多くは白黒です。家内を旅行に、あまり連れて行けなかったことが残念でたまりません。記憶にあるのは島根かどこかの山陰地方と和歌山に一緒に出かけたくらいです。もっと一緒に行っておけばと、今になって思います。

今思い返しても、楽しいばかりの夫婦生活ではありませんでした。75年間も一緒に暮らしていると、苦しいことも多かったと思います。それらも含めて、家内と過ごした全部の時間が私にとって、何物にも代えられないかけがえのない貴重な時間です。

聞き手の目⑲

感謝の心は、最大の相棒である妻から

山下さんは、これまで多くの講演や講話のたぐいのものをしてきたそうです。歳を重ねるにつれ、その回数も多くなったようです。一番多く話したのは、健康の秘訣についてですが、それと同じくらい言及したのが、妻（家内）への感謝の言葉です。幸せな一生を送るには、人生の基本単位である家族、妻との関係が良くないと、自然と難しくなるのではないでしょうか。亡くなった後も、妻への感謝の気持ちを忘れないと力説します。人に対する感謝の心は、まずは最大の相棒である妻からということでしょうか。

20

良い家庭をつくり
良い人生を送るには
壊す心から
育てる心への転換が大切です。

家庭内こそ
感謝と祈りの精神を持ちましょう。

まずは家族から、相手の心を思いやろう

私の家族についても、少しお話したいと思います。生まれは広島県の竹原市です。山下家のお墓は今でも竹原にありますが、体調のこともあり最近はなかなか墓参りもできていません。

私は8人きょうだいの2番目の次男として生まれましたが、一番上の兄は4歳のときに亡くなったので、実際は私が長男のような存在で育てられました。当時の長男は、下の子の面倒を見るのが当たり前です。

男6人と女2人ですが、当時の家庭では、特別きょうだいが多い感じではありませんでした。私の周りにも同じように子沢山の家庭は多く、今のように一人っ子が当たり前で、多くても二人までとは隔世の感があります。

父の仕事の関係で、若いとき台湾に渡りました。若い方は知らない人も多いか

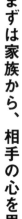

もしれませんが、当時、台湾は日本の領土でした。だから、国内の少し遠い場所に行くというイメージだったのかもしれません。

地元の花蓮港中学校を卒業後、吉野郵便局に国家公務員として入局しました。15歳のときです。この当時の台湾での生活は、よく覚えています。公務員時代のこと、軍隊に召集されたことなどさまざまです。その中でも、やはり大きな転機となったのは、妻・ナヲエと結婚したことと、敗戦によって生活そのものに加えて、私の価値観が180度変わってしまったことです。

時代は大きく飛びますが、きょうだいのうち今も健在なのは、私のすぐ下の弟と一番下の妹、そして私の3人です。その弟も現在、104歳になります。男きょうだいそろって、100歳以上なのは珍しいのではないでしょうか。広島市内に住んでいますが、なかなか行き来するのは難しいので、時々電話で近況を話し合っています。先日も昔話に花を咲かせました。

私の妻は４年前に他界し、私たち夫婦には子どもがいなかったので、四男の子ども（長男）にいろいろと面倒を見てもらっています。腰が痛いと言えば、いすに座ったまま使えるマッサージ器を持ってきてくれます。本当に良くしてもらい、いくら感謝しても、しすぎることはありません。

「家族」について考えることがあります。良い家庭をつくり、良い人生を送るには、私たちは壊す心から育てる心に転換しなければなりません。良い家庭をつくるためには、感謝と祈りで育てる心を大きくしなければなりません。育てる心は、何事も前向きに受け止め、建設的に対処し、対人関係でも自分のことばかり考えないで、相手のことを思いやり、人も自分も共に良くなるように、配慮することです。このような方向に心が働いているときには、心は自他ともに幸福を育てる状態にあると言えるのではないでしょうか。

狭い意味での家族はもう私にはいません。私自身は子ども、孫こそいませんが、きょうだいや甥、姪たちに支えられながら、充実した生活を送っています。

聞き手の目⑳

家族の大切さ、改めて実感させられる

最近はいろいろな幸福、さまざまな形の家族があります。結婚する人、しない人。子どもを必要とする人、しない人などそれぞれです。どのような形であっても、家族はとても大切な「集団」であることには違いありません。山下さんの話には、常に家族に対する愛情が感じられます。甥、姪まで広げた親族に対しても同じです。社会が温かく、住み良いものになっていくためには、お互いの思いやりの心が大切ですが、「まずは家族から」という当たり前のことを、山下さんから教えられました。

21

いくつになっても社会とのつながりを大切に生き抜きましょう。

便利な世の中でも
年賀状をもらうとうれしいものです。

手書きの年賀状にこだわりたい

社会と、そして地域といつまでもつながっていることは、老後のいわゆる第二の人生を有意義に過ごすうえでも大切です。そうは言っても、１０９歳にもなると、度々、外出するわけにはいきません。特に足を悪くしてからは、自分の力だけでは、外に出ることは難しくなりました。

時に訪問者もありますが、外とのつながりの手段は電話か手紙になります。相手の時間的な都合を考えずに、気軽にアクセスできるのは、手紙かはがきによる文字による「会話」です。せっかくパソコンを使っているので、メールという手段もありますが、ここ最近パソコンはもっぱらワープロ機能しか使っていません。

毎年、12月になると年賀状の作成作業に入ります。まずは裏面の文面を考えます。

2年前の年賀状に、このように記しました。

「恵まれて　百七歳の　雑煮膳」

107歳まで生きることができた喜び、幸せを表しました。

新しい年に向けた私自身の抱負や思いのほかに、近況も加えたいと思っています。裏面は印刷にしているので、表面の宛名や住所はボールペンで手書きをしています。一人ひとりの顔を思い出しながら、丁寧に書いています。今は電子辞書という便利なものがあるので、忘れがちな漢字などもすぐに調べることができ、重宝しています。

親戚や趣味の仲間、それに地域でお世話になった人、モラロジーで一緒に学んだ人たちを中心に、少し前までは300枚程度出していましたが、少し整理する必要を感じて、現在は150枚に絞っています。

この正月には142枚の返事がありました。それらを読み返しながら「あの人はまだ元気だったか」「私ももうひと踏ん張り頑張ろう」と思いを巡らせています。

その一方、ある意味では当然のことですが、同級生や年齢が近い人たちからの年賀状は随分、減ってしまいました。これまできていた人から年賀状が途絶えるのは寂しいものですが、自分に子どもがいればその世代でももう、90歳近くになる人がいることを考えれば、これも現実と受け止めています。

新聞のほかにも、送られてくる雑誌にもできるだけ目を通すようにしています。幸いなことに、視力の方はまだ大丈夫なので、活字に目を通しています。その中に、年賀状に取り上げる文句の参考にすべきものはないかと、探しながら文字を追っています。

今年ももうじき、年賀状を作成する季節がやってきます。その内容は未定ですが、広島の街が歓喜に包まれた、25年ぶりのカープリーグ優勝を題材にしたものもいいのでは、と考えています。

聞き手の目㉑

年賀状を見ながら、山下さんの頭に浮かんだものは

今年送られてきた年賀状の束を見せられたときには、正直驚かされました。109歳にもなって、そんなはずはないと思っていた部分もあったからです。さらに驚いたのは、数年分の年賀状がきちんとファイルされていたからです。当然、その数ほどの年賀状を出し、その1枚1枚に、山下さんの思いが詰まっているからです。宛名を書くとき、山下さんの脳裏には、どのような映像・画像が浮かんだのかと思うと、こちらの胸もなんだか熱くなりました。

22

生涯現役がモットー
そのためには体に加えて
頭も元気でいましょう。

日々、勉強・学習を欠かさず、
漫然と過ごさないように。

新しい発見を毎日見つけよう

私は「生涯現役」をモットーにしています。体も頭も現役でありたいと思っています。そのためには、生涯学習の大切さを実感しています。新聞でも、雑誌でも、書物でも、気に入ったフレーズがあれば、それをメモするようにしています。

例えば、こんなフレーズがありました。

「心は行動なり、行動は習癖を生み、習癖は品性を創り、品性は運命をも決す」

「今やらねば　いつできる　わしがやらねば誰がやる」

何度も口に出すことで、自分のものにしています。これが今、私自身が行っている学習の実践です。

ところで、国であろうと、会社であろうと、地域であろうと、そして家庭であろうと、その根幹は人です。人づくりは最も大切なことです。その意味では今、この社会にとって一番重要なのは教育に違いありません。

私は長年、教育に興味を持ってきました。私は毎年行われている、ある教育サークルに関わってきました。父兄や教員、そしてモラロジー研究者で構成する資金援助チームです。学びたいと思う人を側面から支援するものですが、この制度の発案者の1人でもあります。少しでも教育の発展に尽くしたいとの一心から、これまで運動してきました。

高齢のため、今年は参加できませんでしたが、「育てよう子どもの心、高めよう教師の心」をテーマにした教育者研究会も開かれました。これは教員たちの実践発表の場であると同時に、教員の資質向上を図る場でもあります。地域に根ざした教材開発やこれからの道徳教育のあり方など、熱心に勉強しました。

少し前のことですが、地元の中学校の3年生を対象にした社会福祉教育の一環として、一人暮らしのお年寄りに対してお弁当を配っていた状況を、ゲストティーチャーとしてお話をする機会がありました。

一人暮らしの方は訪問者も少なく、寂しい思いをしているケースも多いものです。お年寄りの健康状態のほか、変わったことがあれば、関係機関に報告もしましたが、生徒たちは本当に熱心に聞いてくれました。たくさんのアンケート結果もいただきました。教育委員会の関係者も、一緒に聞いておられたようで、当時、私は90歳代でしたが、私の年齢を聞いてびっくりされたようです。

今、私が心がけているのは、漫然と過ごさないようにすることです。109歳になっても、1日ひとつくらいは新しい発見があるものです。新しい学びもあるものです。日々、何かを学ぼうとすることこそ、本当の意味での幸せにつながるのではないでしょうか。学ぶべきことは本当に多くあるものです。

聞き手の目㉒

日々成長するため、学ぶことを日課に

いくつになっても、学ぶことを日課にできれば、その人は日々成長すると思います。その意味では山下さんは、本当の優等生です。政治にしても、スポーツにしても、最新のニュースの話題を振っても、ほぼ返事が返ってきます。ついつい山下さんが109歳であることを忘れてしまいそうになります。今、大学で学ぶ社会人の姿をよく目にします。定年後に再び学びたい、と門をたたく人がほとんどです。この学生さんたちにも、山下さんの生涯学習の実践を聞いてほしい気がします。

23

良い生活と良い人生
似通ったようでも
大きな違いがあります。

本当に大切なものは
人生の生き方の中にあります。

相手を喜ばせる行動を心がけよう

　ところで、良い人生とは何でしょうか。

　私は常々、良い生活、良い人生について考えてきました。「良い」の部分は「素晴らしい」にしてもかまいません。大切なのは「生活」と「人生」の部分です。

　一般的に良い生活として考えられるのは、ブランド品で着飾り、豪邸に住み、おいしいものを食べ、さらには高級車を乗り回し、ぜいたくな暮らしをする、という感じでしょうか。いうなれば利己主義の世界、自己中心の欲の世界かもしれません。

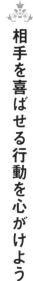

　これに対して、良い人生とは、自分が犠牲を払って、他人を喜ばす世界です。

　例えば、何か会合がある場合、必ず誰かが世話役として、会場の準備をするものです。そこで、自分もその会合に参加するのなら、定刻よりも先に行って、その世話役の人に「何かお手伝いをすることはありませんか」と声をかけましょう。いすを並べるのも、資料の整理でも、何かひとつでもいいからお役に立てるように心がけることが、良い人生の生き方です。

反対に、「自分は参加してやっているのだから」という思いが強く、世話役の段取りや進行のあらを探して、責め立ててばかりの人は、自己中心の人です。

こうした日常の場面、場所でのちょっとした心のあり方、言動の差が積もり積もって、人生の良し悪しを決めると思います。

とにかく、相手を喜ばせようという行動が、良い人生を作るコツです。だから今、自分がやっていることや、目指していることが、果たして「良い生活」なのか「良い人生」なのかを意識して動くようになるだけで、人生はきっと好転するはずです。お金を儲けるだけでは、決して「良い人生」にはなりえません。

自分自身の人生を振り返ったときに、いくつかの転機があったと思います。台湾に渡ったこと、敗戦で日本に引き揚げたこと、公務員の職を得たこと、「モラロジー」に出合ったこと、地域活動に参加したこと、そして今、このような本を作っていることなどです。自分が積極的に選んだものもあれば、仕方なくその方向に進んだものもあります。あとから思うと、もっとこうした方が良かったと後悔することも多々あります。でも、ものごとを決めるときには、「生活」よりは「人生」を重視してきたことだけは確かです。

これまでの話と重複するかもしれませんが、次のような言葉も大切にしています。「心を耕す」「本当に大切なものは、金では買えない」「苦労は隣から借りてきてもせよ」「取り返しのできないものは、特に大切にせよ」などです。

本当に大切なものを常に意識しながら、残された人生を有意義に過ごしていきたいと思います。

聞き手の目㉓

良い人生の意味を改めて考えさせられる

人の人生の価値は、その長さではなく、いかに一生懸命に、充実した日々を送ったかにかかっているといわれます。全くその通りだと思います。でも、充実した日々を、しかも長く過ごせたとしたらまさに鬼に金棒です。山下さんの109年間の人生を聞くにつれ、第三者から見れば、その鬼に金棒状態に思えます。ただ、山下さんはきっと、否定するでしょうし、愚直に人生を送ったと答えるだけでしょう。「良い」人生を目指すのは、何歳になってからでも遅くはないと、改めて教えられました。

24

ありがとうの意味は当たり前の中にある「有り難さ」なのです。

ありがとうと言った数だけ
幸せになると思います。

「ありがとう」は日常の潤滑油

「ありがとう」というのは、当たり前の中にある、「有り難さ」とでも言ったらいいでしょうか。

例えば、寒さの厳しい季節、もし暖房の効いた部屋の中で、ずっと過ごしていれば、室内の温かいことは当たり前のように思えてくるかもしれません。しかし、長時間の外出で、冷え切った体で帰宅したときには、暖房の有り難さ、部屋を暖めておいてくれる家族がいることの有り難さなど、当たり前以外の思いも、心に浮かんでくるのではないでしょうか。

「有り難い」という言葉には、「そのようにあること自体が大変珍しい」「めったにないことである」と感じられるからこそ、感謝せずにはいられないという気持ちが込められています。

毎日の生活の中で、当たり前のこととして受け止めているものごとの中にある「有り難さ」にも心を向け、これに感謝する心をはぐくんで、私たちの日常生活に更なる潤いと温かさが生まれてくるでしょう。

私たちは恵まれた環境で、社会からいろいろと恩恵を受けています。でも、それが当たり前と思うようになっては、誠に心寂しいものです。平和な日本に生まれた私たちは、どんなにありがたいことかは、諸外国の例を見ればよく分かります。

少し話が大きくなりましたが、「ありがとう」とは苦労や困難、不安、逆境、苦難などを乗り越え、それを打破したときに出てくる感動を伴う自己を賞賛する言葉とも言えます。

ありがとうのリズムというものもあります。

ありがとうの「あ」は、明るいの「あ」
ありがとうの「り」は、りっぱの「り」
ありがとうの「が」は、頑張るの「が」
ありがとうの「と」は、尊いの「と」
ありがとうの「う」は、うれしいの「う」

いつも、この「ありがとう」のリズムを意識しながら生活することも大切です。109歳まで生きていると、数々の「ありがとう」に出合ってきました。そして多くの「ありがとう」を発してきました。その一つひとつが良い思い出になっています。

これからあと何回、「ありがとう」を言うか分かりませんが、たぶん毎日、その言葉を発することと思います。食事を作ってくれる介護付き老人ホームの職員さんに対して、入浴の介助をしてくれるヘルパーさんに対してなど、いろいろな人に対してです。もちろん、感謝の意味を込めて、有り難さも意識しながら、誠心誠意心を込めて。

聞き手の目㉔

自然と「ありがとう」の回数が増えてきた

山下さんの話を聞くにつけ思うことがあります。何も特別なことを言っているのではありません。「ありがとう」の大切さ、感謝の大切さ、それに自己本位、自分勝手にならないことなどです。当たり前なことですが、これを日々、継続することが大切です。この取材を始めて以来、会話の中に「ありがとう」という回数が増えてきたように思えます。日常の生活はそんなに変わっていないのにです。気持ちの持ちようの大切さを実感しています。

第4章

元気に長生きを目指しましょう

25

いくつになっても物事には挑戦すべき。パソコンだって簡単です。

「もう歳だから……」は思わないようにしましょう。

むやみに横にはならない生活を

１０９歳になった今でも、私は毎日、忙しい日々を過ごしています。「その歳になって、一体何をそんなに忙しいの」と感じられる人も多いと思いますが、これでけっこう忙しいのです。忙しいといっても、若いときのように何かに追いつめられながら、あたふたしているわけではありません。

私は基本的には朝起きてから、夜ベッドに入るまで、よほど体調がすぐれないとき以外は、横にはならないと決めています。食事以外のほとんどの時間は、机の上に置いてあるパソコンに向かっています。このパソコンは2代目ですが、かなり年季が入っています。今では、かけがえのない私の「友達」のような存在とも言えます。このパソコンに対しては、いとしさが募るばかりです。

このパソコンに、これまで私が経験したこと、充実した人生の過ごし方、そして自分自身のいろいろな思いなどを打ち込んでいます。目や肩など疲れもしますが、今は日課になっているので、この作業をしないと、なんだか落ち着きません。

今入居している介護付き老人ホームの仲間たちに、私が考えていることや経験したことをお話しする機会を設けてもらって、その資料作りのために、このパソコンはとても役立ちました。

私の世代ですから、もちろん若いときにはパソコンはありませんでした。パソコンが家庭に普及してから既にかなり経過しますが、私とパソコンとの出合いは80歳を過ぎたころ、近くの公民館であったパソコン教室に通い始めたことでした。なぜ、パソコンだったかは、今では忘れてしまいましたが、抵抗感はありませんでした。当時、パソコン仲間では、私が最も年長者だったと思います。以来、ずっと続けているので、もう25年以上のキャリアということになります。

当初は文字を打つのに、ものすごく時間がかかりました。ペンで書けば簡単にできますが、一生懸命にキーボードに向かいました。「もう歳だから、新しいことに挑戦するのは…」と言う人も多いですが、ものごとを始めるのに、自分自身で「期限」を設定する必要はありません。私は何か人と比べて、特別に秀でているものはありませんが、自分が何かに挑戦しよう、やろうと思うことが大切で、その気持ちは持ち続けていたいと思っています。

愛用のパソコンですが、時々動かなくなることがあります。そのときにはスイッチを切るとまた動き出します。新しいものにするかどうか、思案していますが、まだ結論は出ていません。

パソコンに向かわない日はありません。腰が疲れるので、普段使ういすに座って振動マッサージができるように、甥っ子が機器を設置してくれました。今は、パソコンに向かって、いろいろな文を打ち込むことが、私の仕事だと思っています。

いつまでも自分なりの仕事を持つことは大切で、そのための道具がパソコンです。これからもパソコンに向かい続けたいと思っています。

聞き手の目㉕

年齢は「できない」後付け理由に使うことなかれ

山下さんの生き方に接するにつけ、年齢を理由に「五十肩」とかを持ち出して、「できない」後付けとして利用している自分が、時々恥ずかしくなります。とりわけ、パソコンのキーボードをたたく山下さんを見ると、その思いは増すばかりです。もちろん、ブラインドタッチではありませんが、文字の配列はしっかりと覚え、「日本語入力」を見事にこなします。パソコンは、自身の頭を整理するのにも、大いに役立っているのかもしれません。人生の大先輩に学ぶことの多い日々です。

26

何事にも興味を持つことは有意義な人生を過ごすのにとても大切です。

あまり無理をせずに
自分に合ったペースで行いましょう。

少しずつでも地道に続けること

どんなことでも興味を持つことは、有意義な人生を過ごすには大切なことです。「好きこそ、ものの上手なれ」という言葉もありますが、私の場合、若い時分にテニスに出合いました。台湾にいたときも、帰国した後も、そして退職した後も、かなりの時間、ラケットを握っていました。

健康で長生きするには、やはり体が丈夫でないといけません。私の体の基礎を作ったのは、テニスです。かれこれ50年以上もテニスを続けてきました。今と違って日本はまだ貧しかった時代で、私が親しんだテニスは軟式でした。

最初にテニスと出合ったのは、戦前の台湾時代でした。職場にもコートがあり、職場の代表としていろいろな大会に出場するようになりました。そのコートはお世辞にも立派なものではありませんでしたが、体を動かすことは十分にできました。

終戦後には、広島地方貯金局に就職し、再びテニスをするようになりました。そのうち、みんなから推されて庭球部長になって、主将とマネージャーを兼ねて指導もするようになりました。郵政省の各運動部の全国大会では、長野開催のときに、憧れの日本一になることもできました。このときのトロフィーは今も大切に、自宅の2階に保管してあります。

そんなことから、私は会社の配属先では名前で呼ばれるよりも、「テニスの山下さん」と呼ばれたものでした。その呼び方を私自身もとても気に入っていました。

軟式テニスはダブルスが基本ですが、私は後衛担当でした。最初は前衛の後輩をリードしながら試合をしていましたが、そのうち前衛の若手は腕を上げ、「山下さんは相手コートに返してくれるだけでいい。僕が決めるから」と言うほど成長しました。

数々の思い出がありますが、チームを強くするために、冬のコート管理に工夫したことがあります。にがりを撒いてコートをローラーで締めておけば、霜が降りて凍結しても、溶ければすぐに使えるのです。ところが、そうしないとコート一面に霜柱が立って、溶けると畑のようになって当分使えませんでした。この工夫によって、チームの練習量も増え、随分強くなったと思います。

日本復帰前の沖縄に、軟式テニスの指導で出かけ、沖縄の新聞に大きく取り上げられたことなど、テニスを通じてのいろいろな思い出があります。

結局、80歳過ぎまで、ラケットを握っていました。その後は、自宅の周りを、コースを決めて、万歩計を付けて、散歩をしていました。歩くことは全身運動になります。体の調子を図るバロメーターにもなります。

今では、散歩というわけにいきませんが、できるだけ体を動かすように努めています。今住んでいる施設では、食事の前に簡単な体操がありますが、いすに座りながら手足を伸ばすなど、できる運動は積極的にしています。

気持ちを若く持つことは、歳を重ねた人にとってはもちろん大切ですが、その基となるある程度の「体力」はもちろん必要です。趣味のひとつに体を動かすものを、ぜひ加えてみてはいかがでしょうか。

聞き手の目㉖

テニスを愛する心は永遠なり

山下さんとはできるだけ雑談をするように心がけましたが、その内容は多岐にわたります。昔の話題から、最近の話題まで、１０９歳のおじいちゃんと話しているとは感じられません。中でもスポーツに関する話題は多かったように思います。「カープファンだけど、球場には一度も足を運んだことがないこと」、「サンフレッチェがよく頑張っていること」など、守備範囲は広いものでした。とりわけ盛り上がったのが錦織圭選手のこと。実際にはもうテニスはできませんが、テニスを愛する心は永遠なのだと感じました。

27

頭を動かし続けることは
ボケ防止だけでなく、
日々の新しい発見につながります。

「五・七・五」に込められた
広い宇宙を楽しんでみませんか。

俳句は日常をより豊かにしてくれます

趣味を持つことの大切さは、これまでも話してきました。体を動かす趣味、頭を動かす趣味、一人でできる趣味、みんなと一緒に行う趣味など、さまざまなものがあります。1つだけでなく、いろいろと組み合わせながら、生活すれば、より効果的だと考えます。

趣味の大切さは、109歳になって改めて感じています。今でも続けている趣味のひとつに俳句があります。

俳句はみなさんもご存じのように「五・七・五」という、わずか17文字の世界です。季語も入れなければなりません。季語の世界は旧暦が中心で、なかなか奥の深いものです。俳句を作り始めた最初のころは、季語辞典を手元に置いていました。それを見ながら季節に関する新しい発見をしたものです。

ところで、これまで一体、何句くらい作ってきたでしょうか。数えたこともありませんし、想像もつきません。きっかけは、平良公民館の句会で指導を受けたことでした。量は質を陵駕すると言いますが、常に俳句手帳を持ち歩き、思いつくままに書き記しました。

これまでに作った俳句の中から、気に入っている俳句を少し列挙してみます。すぐに思いついたものもあれば、何度も推敲を重ねたものもあります。この歳になったからこそ、初めてできた作品もあります。

百歳を　一跨ぎして　昼寝かな
ヘルパーの　手のひら文字の　汗ばみて
妻はもと　女先生　夏ごろも
もの言わず　そばにいるだけ　沙羅の花

サングラス　掛けてずばりと　物を言う
授かりし　健康を謝す　敬老日
空き箱の　仮仏壇や　菊薫る

例えば、「ヘルパーの」の句は、今の介護付き老人ホームに入居して、私たちに対してやさしく接してくれる姿を見ながら、自然とできたものです。

俳句を考えることは、頭を使うのでボケ防止に最適です。言葉を絞り出すことは、日頃は休眠している脳の部分を使うと思います。その意味でも、みなさんに勧めています。

毎月1回、「にこにこ元気デイサービスセンター」を訪れ、お話をしていますが、その際、そこに通うお年寄りが作った俳句を持ち帰り添削して、次に訪れるときに、持って行ってアドバイスしています。季語がなかったり、字余りになっていたりする俳句も多いのですが、一生懸命に考えてくれた跡が見えるだけに、とてもうれしく思うと同時に、改めて私自身の勉強にもなっています。

これから、どれくらいの俳句を作ることができるか分かりません。でも、俳句づくりは私のひとつの生きた証でもあるので、四季折々、感動したこと、感謝したこと、きれいだなと思ったこと、不思議だなと思ったことなど、句づくりに挑戦し続けたいと考えています。

聞き手の目㉗

俳句手帳片手に句づくりに、挑戦してみては

山下さんの机の引き出しの一番上には、俳句手帳が収められています。かなり使い込んだものと察しがつきます。中を見せてもらうと、鉛筆書きで「五・七・五」の文字がたくさん書いてあります。その文字は必ずしもきれいではありません。たぶん思いついた時々、浮かんだ時々に、忘れないために書き留めたものでしょう。新しくものを作り出すことは、その人生をいつまでも有意義にするための最大のツールになると確信します。いつか山下さんに教えてもらって、俳句づくりに挑戦してみたいと思いました。

28

好き嫌いせずに
何でもしっかり噛んで
時間をかけて食べましょう。

「箸休め」を心がければ、
おいしく、ありがたく食べられます。

高タンパク質に低脂肪の食事を

健康に過ごすには、やはり食事が一番大切です。好き嫌いをせずに何でも食べること、何度もしっかり噛んで食べることを、日々心がけています。

かつて戦時中に軍隊にいたときは、「早飯、早糞は芸のうち」と教えられ、私自身も実行していましたが、そのような食事は体に良いわけはありません。当時の生活はみな、生きるか死ぬかの時代だったので、それも致し方ありません。

今は平和な時代です。食事そのものをもっと大切にしなければなりません。その意味で、私が実践しているのは「箸休め」です。ずっと箸を持っていると、ついつい早食いになってしまうので、意識的に箸を置くことで、食事を休めるようにしています。

ところで、介護付き老人ホームに入居するまでは、私の食事に関してはすべて妻が「担当」していました。玄米中心の食事で、サンマやシシャモ、黒豆のジュースなど、健康に良いとされる食事をいつも提供してくれました。その意味では私の体の根幹を作ってくれたのは、妻の真心こもった料理だと思います。

その後、老人ホームに入居しましたが、ここでの最大の楽しみは食事です。それはどの入居者も同じです。朝昼夕とも、健康バランスに配慮した、野菜盛りだくさんの食事を満喫しています。毎日の献立は、エレベーター脇に張り出され、それをチェックするのが楽しみです。１週間ごとのメニューも事前に分かっているので、「この次はサンマ」だとか、その日を楽しみにしています。

長寿の秘訣のために、私が常日頃から考えている食事のコツを述べてみます。

高タンパク質と低脂肪の食事です。良質のタンパク質は脳の若さを保ち、健康を維持するのに極めて大切です。でも、高タンパク質の食事を取ろうとすると、脂肪もたくさん取ってしまいます。脂肪の取り過ぎは、血管の目詰まりを促進し、成人病になりかねません。

おいしい物、好きな物を食べると、脳は快感を覚えて、体を若返らせる脳内ホルモンをたくさん出してくれます。でも、好きな物だけでは、食べたいだけ食べると、脂肪の取り過ぎになります。それが命を縮めることにつながりかねません。やはり高タンパク質で、低脂肪の食事が大切なわけです。

100歳以上の長寿者の食事の共通点は、「好き嫌いなく何でもよく噛んで食べる」「量は腹八分目と控えめ」「動物性のものに偏らず、野菜もよく食べること」のようです。取り立てた特別の注意ではありませんが、日頃から気に留めながら、地道な食生活を送ることがやはり一番大切なようです。

幸い私は入れ歯のお世話になっているとはいえ、老人ホームで出される食事を、ゆっくりマイペースながら毎回残さず食べています。おいしく食べることができることが、生涯現役につながる第一歩だと確信しています。

また月2回、主治医の先生に往診に来てもらっていますが、その先生からも「何度も噛んで、好き嫌いなく食べているのが健康の秘訣でしょう」と言われています。先生からは「心臓など内臓は元気そのもの」とお墨付きをもらっています。さらに、ありがたいことに「日々、規則正しく、ご自分の生活リズムで過ごし、目標を持って生きている姿にも感心させられる」とお褒めの言葉をいただいてます。

聞き手の目㉘

「一番好きな食べ物は？」「全部です」

おいしく食事をいただくことが長生きの秘訣とは、これまでも何度も言われていることです。食事が健康のバロメーターに違いありません。山下さんを見て驚くのは、その食欲です。しかも好き嫌いがないことです。戦前というより明治生まれの人は、幼いころから青年時代にかけて、決して十分な食生活ではありませんでした。それだけに「食」の大切さは身に染みていると思います。「一番好きな食べ物は何ですか」と聞いても、答えはいつも「全部」です。その答えに、食と山下さんの関係のすべてが表れている気がします。

29

健康促進のために
摂取したサプリメントで
白髪が黒くなりました。

健康であり続けるために
補助食品をうまく使いましょう。

「基本は食事を大切に」を忘れない

うれしいこと、驚いたことがありました。頭髪はほとんどが白くなっていましたが、ここ最近黒いものが増えた感じがします。109歳のこの歳になって、本当にこのような現象が起きるのかと思いましたが、事実なので仕方ありません。

時々、訪れる親族に対しても、こう報告していますが、本当にびっくりした表情を浮かべます。

少し尾籠《びろう》な話になりますが、下半身の毛も黒いのが見えるようになりました。これにはもっと驚かされました。なんだか、少し自信めいたものがついた感じです。

やはり、健康を考えるうえで、きちんと食べることが基本になります。この前も話したと思いますが、入居している介護付き老人ホームの朝昼晩飯をおいしくいただいています。

実は、このほかにサプリメントのお世話にもなっています。サプリメントを入れた専用のボックスも用意して、4種類のサプリメントの摂取を忘れないようにしています。時間を決めて飲むようにしています。かなり昔から飲んでいるものもあれば、比較的最近に飲み始めたものもあります。

「クロレラ」は30歳から服用していますが、体内を健康にするのはもちろん、脱臭や抗菌、殺菌作用もあるとされています。お酢や梅干しなどと同じように弱アルカリ性の食品で、老廃物や疲労物質を排出し、毛細血管の血流を正常にして血液をサラサラにしてくれる効果もあります。アンチエイジングの効果も指摘されています。

弱った胃腸に効くとされる「エビオス」も欠かしていません。足りないと思われる必須アミノ酸の補給にも役立っています。

「にんにく卵黄」も愛用しています。にんにく卵黄には、にんにくに含まれるスコルジニン、アリシン、アリインなどの疲労回復に有効な成分や、卵黄に含まれる必須アミノ酸やカルシウム、鉄、ビタミンA、ビタミンD、レシチンなどの豊富な栄養素が数多く含まれています。継続的に摂取することで、血流促進効果や滋養強壮効果、生活習慣病の予防や改善効果など多くのメリットを得ることができるとされています。

最後に「コンドロイチンとグルコサミン」です。どちらも関節や軟骨の健康を守るには欠かせません。この2つは、ひとつのサプリメントに一緒に配合されています。私は腰に持病がありますので、このコンドロイチンとグロコサミンはとても重宝しています。

最近の若者の中には、食事そのものはあまり取らずに、サプリメントだけに頼る傾向があるように思えます。サプリメントはあくまでも健康を持続するための補助食品と、考えています。

年金暮らしのわが身にとっては、決して安くはないサプリメント代ですが、元気に長生きするために、できることは何でもやろうと思っています。

聞き手の日㉙

柔軟な考え方に驚かされる

山下さんのところに何度か通ううちに、あるボックスを見せてくれました。その中には多くのサプリメントが入っていました。好き嫌いのない、残すこともない、山下さんの食生活だっただけに、サプリメントには少し驚かされました。サプリメントに頼る人には思えなかったからです。よく話を聞くと、決して頼るのではなく、補充・補強の意味で飲んでいました。ある意味では、柔軟な考え方の人だと改めて感じました。それがまた、長生きの秘訣ではないでしょうか。

30

実りある老後のためにも、節約と自分投資で上手にお金と付き合いましょう。

これまで長年働いてきたご褒美年金をありがたく使いましょう。

61年間の勤務で得た年金を大切に

今、現役世代の人は、老後の生活費を心配している人も多いと思います。年金が減らされるとか、もう年金制度は破たんしているとか、暗い話ばかり耳にします。実際、今私たちがもらっているほどの年金を、今の若者が将来もらうのは難しいかもしれません。

おまけに平均寿命も飛躍的に延びています。男女とも世界で1、2位を争う長寿国・日本です。これまでは、多くの現役世代が1人のお年寄りを支えていた「胴上げ型」から、3人程度が1人を支える「騎馬戦型」に、そして将来は1人が1人を支える「肩車型」になるとも言われています。

実りのある老後を暮らすには、やはり先立つものが必要です。ぜいたくをする気持ちはありませんが、生きていくうえで何かと、出費はかさみます。少し下世話になりますが、今回は、老後を考えるうえで避けて通れないお金の話です。

私は、台湾で中学校を卒業し、郵政の仕事について以来、再就職3回を含めて61年間働いてきました。当時の日本人にとっては当たり前だったかもしれませんが、われながらよく頑張ったと思います。日本の高度成長を支えてきた自負もあります。

そのご褒美としての年金ですから、感謝しつつも喜んでもらっています。年金は2か月に1回振り込まれますが、ありがたいことに多くの金額をいただいています。昨今のご時世、年金の額も次第に減らされ、最も多い時より年50万円近く減っています。

それでも、文句は言えません。月約25万円の介護付き老人ホームの利用料も、どうにか払うことができます。このほかにも、もろもろの生活費はかかりますが、少しずつ預金を取り崩すことで生活しています。もちろん、節約は欠かせません。

私たちの世代は元々、そんなにぜいたくはしなかったので、今の暮らしで十分です。また、109歳にもなると、もうそんなに欲しいものはありません。衣食住は今の生活で十分ですし、余ったお金で友人たちに配布する冊子「心の花束」を作っています。これは自分自身への投資と考えています。

家内も亡くなり、子どももできなかったので、お金の管理は自分自身で行っています。お金の管理は、頭を使うので、その意味でもボケ防止にもなります。できるだけ節約しながら、必要な部分にお金を使っています。

人生を振り返ってみると、酒やたばこはしませんでした。祝いの席でお酒をたしなむ程度でした。もちろん、パチンコなどのギャンブルにも手をつけませんでした。その意味では堅実な人生で、他人から見れば面白味のない人生だったのかもしれません。でも、私自身は現役時代を始め、豊かな晩年を過ごすことができたと思っています。

よく老後にはいくらの貯金が必要などという、雑誌の特集が組まれることがあります。お金は必要ですが、それが目的ではありません。お金は使ってこそのお金です。

元気に長生きをするには、第一に健康であることはもちろんですが、上手なお金との付き合い方をすることも大切です。

聞き手の目㉚

生きたお金の使い方で幸福に

身の丈にあった老後生活を送ることが、一番の幸福ではないでしょうか。おいしくご飯がいただけ、好きな書物が読め、友人と歓談できる生活です。日頃から節約を心がけている山下さんですが、毎月わずかな金額ですが、自身が学んでいる「モラロジー」への寄付は欠かしません。年金が入るたびに、専用の封筒に紙幣を入れています。そのときの表情は、なんだかとても幸せそうです。きっと、生きたお金の使い方だからではないでしょうか。

31

上手でなくても
自信がなくても
大声で歌うと晴々します。

歌は聴くだけでは
その良さの半分も分かりません。

替え歌も楽しいものです

声を出すことは、とても健康にいいことです。とりわけ腹から大きな声を出すのは、お金もかからず、どこでもできる最高の健康法です。といっても、やみくもに大声を発するわけにはいきません。そこで私がお勧めするのは、歌を楽しむことです。

といっても、ここで言う「楽しむ」は、曲を鑑賞することではありません。カラオケでも何でもいいから、少々音程が外れていようが、下手であろうが、実際に歌うことです。歌手にでもなったつもりで、リサイタル気分でみんなに聴いてもらいましょう。

私たちの若い時代は、もちろんカラオケのようなものはありませんでした。覚えた歌詞を無伴奏で歌っていました。だから、何もなくても、歌詞さえあれば大声で歌うことができます。今、入居している老人ホームでも毎週日曜の午後、仲間と一緒にカラオケを楽しんでいますが、先頭に立って声を出しています。

月1回、お話をしに行っているデイサービスでも、最後にみんなで歌います。童謡からなつかしの曲まで、このために100曲近く入った歌詞集も作りました。

私の十八番は「知床旅情」や「黒田節」、それに「船頭小唄」などです。このほかにも、多くの歌を口ずさみます。聞いているだけでは、歌の価値は半減します。下手でもなんでも大きな声を出して歌うこと、これを肝に銘じています。

このデイサービスはみんなは「にこにこサロン」と呼んでいますが、決まって最後に楽しむ歌があります。名曲「青い山脈」の替え歌です。

ここに「にこにこサロンの賛歌」を紹介してみます。

若くあかるい　歌声に

悩みも消える　気も晴れる
にこにこサロン　笑顔がいっぱい
助け合い　今日も元気で歌おうよ

年よ　ボケよ　さようなら
淋しい夢よ　さようなら
にこにこサロン　若さがいっぱい
語り合い　今日も愉快に　過ごそうよ

わが子に　孫に　世間さま
どなた様にも　慕われる
にこにこサロン　しあわせいっぱい

この次も　みんな達者で　出会おうよ

これを歌うと大いに盛り上がります。日頃はあまり歌わない人も、思わず口ずさんでいますが、そのとき私は決まって言います。
「もっと大きく口を開けて、もっと大きく歌って」

歌だけに限らず、何事も実行しないと、その効果は少なくなると思います。歌に関しては聴くのもよいですが、歌えば楽しいですし、さらにみんなと一緒となるとなおさらです。

聞き手の目㉛

腹式呼吸で発声したら健康間違いなし

はっきり言って、「にこにこサロン」での山下さんの声の大きさには驚かされました。１０９歳のどこに、その声量があるのかと思いました。呼吸法とりわけ腹式呼吸の大切さが言われていますが、山下さんの発声も「腹式」とみました。急に出来上がったのではなく、長年の訓練のたまものかもしれません。たかが歌かもしれませんが、されど歌です。大きな声で、正しく発することは、あらゆる健康につながっていると再認識しました。

32

美しく老いることを
常に考えながら
日々の生活を送りましょう。

過去にしがみついて生きることは
醜い老い方につながります。

「美しく老いる生活十訓」を実践しよう

「にこにこサロン」でも述べている「美しく老いる生活十訓」を紹介しましょう。私がこれまで見聞きしてきた言葉、書物から取り出した言葉ですが、これらをまとめて箇条書きにしてみました。

1. 老いていちばんさみしいことは「する仕事がないこと」。
2. 老いていちばんみじめなことは「経済的にゆとりのないこと」。
3. 老いていちばん悲しいことは「周囲から敬遠されること」。
4. 老いていちばん醜いことは「過去にしがみついて生きること」。
5. 老いていちばん不幸なことは「自分だけの殻に閉じこもって孤立すること」。
6. 老いていちばん幸せなことは「三度の食事がおいしいこと」。

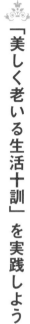

7. 老いていちばんうれしいことは「話し合える友達がたくさんいること」。
8. 老いていちばんうれしいことは「他のためになにか役にたつこと」。
9. 老いていちばん楽しいことは「好きなことに没頭できること」。
10. 老いていちばん大切なことは「死に対する準備ができていること」。

この十訓に関しては、私自身、その順位は特につけませんが、常に意識しながら暮らしています。これまでの話の中でも、具体的な例を紹介しながら、お話したつもりです。

「過去にしがみついて生きること」は、醜いことだと思います。これは過去を大切にしなくてもいい、という意味ではありません。時間というものは、過去と現在、そして未来しかありません。過去は未来を有意義にするためのものであって、いつまでもそこに固執するのは、建設的ではないし、発展もありません。反省の道具として、成功の参考として、過去を考えるのならいいですが、単に回想するだけは、やめた方がいいでしょう。

「死に対する準備ができていること」とは、例えば遺言を書いておく、大切な言葉を残しておくとか具体的な準備ももちろん大切ですが、日々の暮らしを充実させることが、ひいては誰にもやってくる死への準備につながると思います。

お年寄りが言ってはならない言葉があると思います。私もできるだけ意識的に使わないように努力しています。それは「昔はよかった」「生きすぎた（長生きしすぎた）」「代われるものなら、代わってやりたい」「今の若いものは…」などです。

本当に思っていなくても、口に出すことで次第に、そのような考えになってしまうので、例え思ったとしても、発することはやめましょう。

人間はだれも美しく老いたいと思います。もちろん外面的な、外見的な美しさも大切でしょうが、その人の心のうちから醸し出される美しさこそ、本当の美しさだと思います。

聞き手の目㉜

少しでも早い時期から「美しく老いる」訓練を

「美しく老いる生活十訓」を聞くにつれ、この10項目は、ある程度歳を取ってからでは、遅いと思うようになりました。定年後、そして70歳代になってから実践しようと思っても、所詮は無理な話です。確かに、山下さんの長い人生を見聞きするにつけ、この10項目はかなり前から実践されているように感じます。例え、すぐには行動に移すことができなくても、常に頭の中に意識しておくだけでも、その効果はきっとあると思います。

山下義一さんの歩み

1907(明治40)年 4月10日 0歳	山下米松の次男として広島県竹原市で生まれる　8人兄弟（男6人・女2人）
1913(大正2)年 6歳	小学校に入る
1918(大正7)年 11歳	小学校を卒業
1922(大正11)年 9月 15歳	台湾の吉野郵便局に入る
1924(大正13)年 4月 17歳	花蓮港郵便局に転勤　電信係・為替貯金係・保険係・郵便係主幹

かやぶき屋根の実家前（台湾）にて
水牛に乗る幼少時代の山下さん（後、7歳頃）と父（水牛の左隣）、母（父の左隣）

1936(昭和11)年 8月 29歳	鈴木直江（ナヲエ）と結婚
1937(昭和12)年 9月 30歳	普通文官試験に合格
1940(昭和15)年 33歳	台湾総督府逓信部に転勤 庶務課・用度係
1942(昭和17)年 1月2日 34歳	臨時召集 台北陸軍病院東門分院に入る
1945(昭和20)年 8月2日 38歳 10月2日 38歳	 陸軍衛生伍長 解除
1947(昭和22)年 1月3日 39歳 3月31日 39歳	 佐世保に戻る 広島地方貯金局 管理課庶務係勤務

実家にて
30歳代の頃の山下さん（右から2人目）、いすに腰掛ける袴姿の父と着物姿の母

実家の庭先にて
20歳代の山下さん（後列右から2人目）、父（前列右から2人目）、母（前列左）

1950（昭和25）年 5月10日　43歳	管理課庶務係長
1958（昭和33）年 7月　51歳	生涯教育の先駆者、廣池千九郎氏が創立したモラロジーの教学に接する
1962（昭和37）年 7月2日　55歳	第4貯金課長を任命
1967（昭和42）年 8月31日　60歳 9月1日　60歳	 定年退職 東洋プレミックス工業総務部長
1971（昭和46）年 64歳	東洋プレミックス工業退職 たくみ印刷に入る
1976（昭和51）年 69歳	たくみ印刷を退職 ふじハイツセンターに入る

91歳（1998年）の山下さんと妻ナヲエさん

1978(昭和53)年 71歳	ふじハイツセンターを退職 ※72歳から、ボランティア活動に力を入れ、町内会長・老人会長などを務める
1988(昭和63)年 81歳	モラロジー研究所の参与となる
2009(平成21)年 9月9日 102歳	介護付き老人ホームに入所
2011(平成23)年 8月10日 104歳	結婚75年（104歳と98歳）
2012(平成24)年 105歳	妻・ナヲエが99歳8か月で亡くなる
2016(平成28)年 109歳	広島県の男性最長寿

100歳記念のお祝い（2008年10月）

山下 義一 （やましたよしかず）

明治40（1907）年4月10日、広島県竹原市生まれ。現在109歳。広島県の男性最長寿者。台湾で戦前を過ごす。戦後、広島に戻り広島地方貯金局に勤務。昭和42（1967）年に定年退職。その後、東洋プレミックス工業、たくみ印刷、ふじハイツセンターに勤務。72歳からボランティア活動にも力を入れ、町内会長、老人会長などを務める。モラロジー研究所の参与でもある。平成21（2009）年からは、介護付き老人ホームに入所。平成23（2011）年には、妻のナヲエさんとダイヤモンド婚。現在もパソコンに向かう日々である。

松下 幸 （まつしたさち）

昭和34(1959)年生まれ。57歳。ライター。6月から9月にかけて計15回、介護付き老人ホームなどで、山下さんから聞き取りを行った。

■装幀／スタジオギブ
■本文DTP／濵先貴之（M-ARTS）

109歳、
私の幸福論
二〇一六年一二月五日　初版第一刷発行
著者　山下義一
発行者　西元俊典
発行所　有限会社　南々社
広島市東区山根町二七－二　〒七三二－〇〇四八
電話　〇八二－二六一－八二四三
FAX　〇八二－二六一－八六四七
振替　〇一三三〇－〇－六二四九八
印刷製本所　株式会社シナノ パブリッシング プレス

ISBN978-4-86489-059-5